本著作系湖南省哲学社会科学基金项目《职业院校卓越教师精准培育生态学研究》（编号：16YBA 143，主持人：温晓琼）阶段性研究成果

职业院校卓越教师精准培育研究

温晓琼　唐 娟　黄 艳　著

中国纺织出版社有限公司

内 容 提 要

本著作通过研究职业院校卓越教师内涵特征、专业素质、专业标准、成长规律等卓越教师精准培育生态管理逻辑。在实际调研的基础上分析职业院校卓越教师精准培育生态管理困境。从自主发展、文化引领、教师培训、项目推动、团队合作、制度建设等方面探索了职业院校卓越教师精准培育的生态管理机制。提出了职业院校卓越教师精准培育生态管理策略,即明确培养目标,增强卓越意识;创新培养方式,注重协同培养;推动终身教育,提升综合能力;塑造典型带动,营造卓越氛围;完善管理机制,多元参与管理;革新评价理念,健全评价制度。

图书在版编目(CIP)数据

职业院校卓越教师精准培育研究 / 温晓琼, 唐娟, 黄艳著. -- 北京 : 中国纺织出版社有限公司, 2020.6
ISBN 978-7-5180-6862-3

Ⅰ. ①职… Ⅱ. ①温… ②唐… ③黄… Ⅲ. ①职业教育—师资培养—研究—中国 Ⅳ. ①G715

中国版本图书馆 CIP 数据核字(2019)第 229683 号

责任编辑:张 宏　　责任校对:韩雪丽　　责任印制:王艳丽

中国纺织出版社有限公司出版发行
地址:北京市朝阳区百子湾东里 A407 号楼　邮政编码:100124
销售电话:010—67004422　传真:010—87155801
http://www.c-textilep.com
中国纺织出版社天猫旗舰店
官方微博 http://weibo.com/2119887771
三河市宏盛印务有限公司　各地新华书店经销
2020 年 6 月第 1 版第 1 次印刷
开本:787×1092　1/16　印张:9.5
字数:192 千字　定价:68.00 元

序

2019 年《国家职业教育改革实施方案》明确指出推进“职业教育高质量发展”“高质量发展”因而成为新时代职业教育改革主题。职业院校的高质量发展必然要求提高教师队伍建设的质量，培养一批高素质、高技能、高思想的卓越教师。

2018 年《关于全面深化新时代教师队伍建设改革的意见》明确指出：我们要“培养高素质教师队伍，倡导全社会尊师重教，形成优秀人才争相从教、教师人人尽展其才、好教师不断涌现的良好局面。”“到 2035 年，教师综合素质、专业化水平和创新能力大幅度提升，培养造就数以百万计的骨干教师、数以十万计的卓越教师。”“教师管理体制机制科学高效，实现教师队伍治理体系和治理能力现代化。”可见培育大量的卓越教师是我国教师教育改革发展最核心、最紧迫的任务。

近年来，国内外关于卓越教师的研究主要集中在卓越教师培育理念、培育标准和培育模式等方面。综合来看，基于“生态管理”视角、“精准培育”层次来研究职业院校卓越教师培育问题是一个全新的视域，也将产生新的学术思想和观点，同时也为职业院校卓越教师培育提供实践经验和启示。因此，“生态管理视域下职业院校卓越教师精准培育研究”有着独特的理论与实践价值。

本研究的主要成果包括：科学界定新形势下职业院校卓越教师精准培育内涵、专业素质、专业标准和成长规律，梳理卓越教师精准培育理论；探讨职业院校卓越教师精准培育现实困境，分析其问题主要是职业院校卓越教师标准缺失、培育制度不完善、职后发展环境不理想、教师自身问题等；研究职业院校卓越教师精准培育生态管理模式，主要有基于学历提升的卓越教师培育模式、基于技能竞赛的卓越教师培育模式、基于师徒制的卓越教师培育模式、基于校企合作的卓越教师培育模式等；研究职业院校卓越教师精准培育生态管理机制和策略，主要从自主发展、文化引领、教师培训、项目推动、团队合作、制度建设几个方面构建职业院校卓越教师精准培育生态管理机制；研究职业院校卓越教师精准培育生态管理策略，主要有明确培育目标、创新培育方式、推动终身教育、塑造典型带动、完善管理机制、革新评价理念六项内容。

目　录

第一章　职业院校卓越教师精准培育概述

2018 年国务院在《关于全面深化新时代教师队伍建设改革的意见》中明确指出："教师承担着传播知识、传播思想、传播真理的历史使命，肩负着塑造灵魂、塑造生命、塑造人的时代重任，是教育发展的第一资源，是国家富强、民族振兴、人民幸福的重要基石。"我们要"遵循教育规律和教师成长发展规律，加强师德师风建设，培养高素质教师队伍，倡导全社会尊师重教，形成优秀人才争相从教、教师人人尽展其才、好教师不断涌现的良好局面。"

一、研究背景与价值

（一）研究背景

2018 年国务院在《关于全面深化新时代教师队伍建设改革的意见》中明确指出："到 2035 年，教师综合素质、专业化水平和创新能力大幅提升，培养造就数以百万计的骨干教师、数以十万计的卓越教师、数以万计的教育家型教师。教师管理体制机制科学高效，实现教师队伍治理体系和治理能力现代化。"可见培育大量的卓越教师是我国教师教育改革发展最核心、最紧迫的任务。

近年来国内外关于卓越教师的研究主要集中在卓越教师培育理念、培育标准和培育模式等方面。但是综合来看，基于"生态管理"视角、"精准培育"层次来研究职业院校卓越教师培育问题是一个全新的领域，也将产生新的学术思想和观点，同时也为职业院校卓越教师培育提供实践经验和启示。本研究中的"卓越教师"是指职业院校通过对教师职后的精准培育，使其成为具有产业文化素养、先进职教理念、高水平专业知能、可持续发展能力，遵循人与职业和谐发展规律的生态型教师。教育部针对目前教师培养的薄弱环节和深层次问题，在《关于实施卓越教师培养计划的意见》（教师〔2014〕5 号）指出大力提高"卓越教师培养"质量成为我国教师教育改革发展最核心最紧迫的任务。因此，"生态管理视域下职业院校卓越教师精准培育研究"有着独特的理论与实践价值。

（二）研究价值

1. 理论价值

职业院校卓越教师教育属教师学的一个分支，它应存有自己相对独立的理论体系。从现有研究成果来看，大多比较零散，缺乏一定的理论色彩和生态特色。本研究关注职教卓越教师精准培育的生态逻辑、生态困境、生态机制和生态策略，一方面理清卓越教师生态理论，完善教师专业发展理论体系；另一方面以探究职教卓越教师精准培育生态实现路径、发展策略为突破口，从根本上提高现行职教卓越职教师资培育活动的成效。因此，本研究提出的“职业院校卓越教师精准培育生态学”核心理论，对于丰富职业院校教师教育理论、促进职业教育学科建设有着独特的理论价值。

2. 实践价值

从教育部公布《全国职业教育工作专项督导报告》（2015.9）显示的最新统计数据来看，全国高等职业院校在校学生人数占全国高等教育的 56%，这部分学生的成才教育直接影响我国现代化进程，而职业院校教师的素质又是直接的影响因素。因而，本研究提出的“职业院校卓越教师精准培育生态学”构建和实现路径，一方面，为学校培育出一批高素质、强能力的优秀教师，同时对其他教师素能提升起到辐射和带动作用，从而整体提高学校、区域乃至全国职业院校教师队伍素质；另一方面，卓越教师培育最直接的受益者是学生，这将为学校学生质量培养的全面提升奠定坚实基础，同时，对于教育行政部门决策有重要的借鉴和指导意义。

二、文献综述

对国内外“职业院校卓越教师精准培育研究动态”进行梳理，有着独特的理论与实践价值。目前，国内外对卓越教师的研究较多，通过 CNKI 检索外文文献显示 1961—2018 年以“Quality Teacher”为题 395 篇，以“Excellent Teacher”为题 22 篇，以“Super Teacher”为题 2 篇，从“Ecology”角度进行分析文献数量为 0 篇；通过 CNKI 检索中文文献显示以“卓越教师”为题的文献数量从 1991—2018 年达到 621 篇，研究“职业院校”“卓越教师”的文献 2 篇，而从“生态”角度研究“卓越教师”的文献数量却为 0 篇。从已查阅文献分析，国外对卓越教师的研究起步较早，主要集中在对卓越教师内涵、关键特征、教师工资等方面的研究；国内对卓越教师研究有 70% 的研究都集中在 2014 年以后，可见近两年卓越教师的研究已成为热点问题，其研究内容主要集中在卓越教师培育理念、培育标准和培育模式等方面。

（一）关于生态管理研究现状

每一种新的管理理论都有其相应的人性假设和特有的思维方式，本研究以生态管理思想为依托，因此，有必要对其“生态人”人性假设和生态思维进行梳理。

1. 生态管理的人性假设：“生态人”

任何一种管理理论都有其相对应的人性假设，生态管理也不例外，它的人性假设是“生态人”。目前学者们就“生态人”的内涵和价值取向等内容展开讨论，余谋昌将“生态人”定义为“具有充分的伦理素养和生态环境意识的人，他们的行为总是以一定的生态道德、智慧和原则为标准，追求的是生态性存在。”[1]

谢斌认为“生态人”是管理学走向生态哲学有机论世界观的最重要的基石和途径，并

[1] 余谋昌 . 生态哲学 [M]. 西安：陕西人民教育出版社，2000：112.

从六个方面论述了其理论内涵和特点：第一，生态人假设是有机论世界观对人性的整体性观照，确认人与自然的相互依赖和相互作用，确认自然界的价值及其客观性；第二，“生态人”假设能准确反映自然与人类生态关联的相关特性，包括整体与部分的关联性、人与自然的不可分性，以及自然对人实践活动的规定性三个方面；第三，生态人假设内在地肯定“生成性”是人性的固有特质，具有动态性、过程性等特点；第四，生态人”假设实现是对既有人性假设的最大整合和超越；第五，“生态人”假设体现了追求自然与人类终极利益的价值取向；第六，“生态人”蕴涵的生态伦理能引导和促进人性得到完美发展，其在继承传统伦理学内涵的基础上，将其范围拓展至人与自然的关系，并且以生态的原则对人的道德规范进行矫正和检验。❶

蔡守秋、吴贤静将“生态人”的内涵概括为四个方面：其一，生态人是处于生态系统中的人，是人的社会性和自然性的统一体现；其二，生态人在人类生态系统中既可以是主体也可能成为客体，在人与人之间和人与自然之间都是互为主体和客体的关系状态；其三，理性生态人是追求人与人和谐相处和人与自然和谐相处的人；其四，构建“生态人”模式采用的是“主、客一体化的研究范式”及个人主义与整体主义相结合的方法。❷

李承宗则从价值主体、价值客体、价值关系三个层面论证了“生态人”的合法性。他认为，从价值主体论层面看，“生态人”的合法性表现在三个方面：即主张人是唯一价值主体、强调人的可持续发展的需要是价值生成的基础、认为并非只有认识主体才是价值主体；从价值客体论看，“生态人”的合法性在于“生态人”坚持了生态伦理学的理论基点，即认定一切生命体都有独立的内在价值；从价值关系层面，认为人在改造自然的过程中，获得了自身价值的存在与发展，并承认人与自然的关系与人与人的关系是互为中介的。❸

可以看出，“生态人”假设的提出是对社会发展深刻反思的一种新认识，它是生态哲学有机论世界观下的人性假设，是具有生态关怀的人，是有伦理道德的人，是去中心化的人，是承认他者内在价值的人，是注重生命存在的人，是追求和谐共存的人。

2. 生态管理的思维方式：生态思维

柴秀波认为人类的思维方式经历了三个阶段，即古代的整体性思维、近代的主客二元对立思维以及现代生态思维。对于生态思维内涵，学者们进行了较为丰富的论述。❹

学者黄爱宝认为“所谓生态思维即生态学的思维，笼统地说，是指运用生态学的知识、观点和方法去认识与解决所要面对的各种现象。”❺

余谋昌将生态思维方式界定为“在所有与生命现象有关的领域，包括人、社会和自然相互关系领域，应用生态学观点，主要是生态学系统各种成分普遍联系和相互作用的整体性观点，生态系统物质不断循环和转化的观点，生态系统物质输入和输出平衡的观点，说

❶ 谢斌．生态哲学与现代管理学的人性假设 [J]. 成都大学学报（社科版），2003（4）.
❷ 蔡守秋，吴贤静．论生态人的要点和意义 [J]. 现代法学，2009（7）.
❸ 李承宗．从价值论看“生态人”的合法性 [J]. 自然辩证法研究，2006（9）.
❹ 柴秀波．思维方式的演进与生态型政府的构建 [J]. 行政管理，2011（10）.
❺ 黄爱宝．生态思维与伦理思维的契合方式 [J]. 南京社会科学，2003（4）.

明与生命有关的现象及其发展变化，揭示各种现象的相互关系和规律性，并从而认识和解决与生命现象有关的各种问题。”❶

喻文德、周晚田则认为生态思维就是“运用生态学的观点与原理分析与解决问题的一种思维方式”，其具有系统整体性的认知结构、开放性的思维视野、前瞻性的思维战略（具有未来意识）与和谐性的价值取向。❷

江华将生态思维与工业思维进行对比分析，认为生态思维方式在思考、分析问题时遵循生态系统的协调互动原则，强调事物对立面的统一，主张从事物的联系和发展中分析问题，而不是形而上学的孤立、静止和片面的观点。其本质是“从全面的观点看问题，对事物的矛盾采取协调互动的转化，力求建立解决矛盾的协调机制。其承认事物是多样性和异质性的统一，力求达到多样性的协调互动，具有开放、多元和动态的特征。”❸

王晓华对生态思维的内涵进行了考察，认为“生态思维是建立在生态科学、复杂性科学基础上的过程性思维、价值性思维和辩证思维。它要求将认知理性与价值理性结合起来，将和谐与发展统一起来。生态思维是对东西方思维的有机整合，是直觉体悟思维和科学理性思维的辩证统一。”❹

由此可见，生态思维是人们分析和解决问题的一种思维方式，具有整体、联系、动态、平衡、开放等特征，以及平等、和谐、互惠共生、可持续发展等价值诉求。

（二）关于教师管理研究现状

英国莱斯特大学教育管理中心的主任托尼布什将当代西方的教育管理模式归纳为六大类，分别是“正规模式、学院模式、政治模式、主观模式、模糊模式以及文化模式”，后五个模式均是在批判正规模式的弊端的基础上发展起来的，其主要观点见表 1-1。

表 1-1　六种管理模式的主要观点

管理模式	主要观点
正规模式	正规模式是一个模式集合体，包括结构模式、系统模式、官僚模式、等级模式和理性模式；其强调组织目标（由领导者制定）的一致性和确定性；组织是等级制的，把组织结构看作客观存在的事实；在组织中领导处于等级制的顶端，拥有绝对的权威；领导者与被领导者之间的关系是理性的，非个人之间的关系，二者之间必须保持一定的距离
学院模式	学院模式中全体成员共享组织的权力，组织决策是经过讨论后作出的，强调成员对组织目标的共识；组织目标是学校全体成员民主参与下的结果，重视成员对目标真正的、发自肺腑的认同；其将组织结构视为客观存在的事实，并且是水平的和横向的，决策参与者享有平等的权力；领导在决策过程中扮演促进者的角色，而不是做决策之人，与职务性权威相比，领导的专业性权威更为重要；领导者与被领导者之间的关系是和谐的

❶ 余谋昌．生态哲学 [M]. 西安：陕西人民教育出版社，2000：249.

❷ 喻文德，周晚田．生态思维的内涵及其意义 [J]. 吉首大学学报（社会科学版），2008（9）.

❸ 江华．论生态思维方式对工业思维方式的超越 [J]. 中国石油大学学报（社会科学版），2008（10）.

❹ 王晓华．何为生态思维 [J]. 东岳论丛，2005（11）.

续表

管理模式	主要观点
政治模式	政治模式认为组织的目标是多元的；且不同的利益群体都在努力使自己群体的目标成为组织的正式目标；组织结构不是事先就已存在的，而是在各利益群体的协商与谈判过程中动态生成；领导权力的实现必须依靠与特殊的利益群体的结合；领导者与被领导者之间的关系具有明显的偏颇性，领导者往往会跟自身利益一致的群体结成统一战线
主观模式	主观模式强调的是个体目标，而非组织目标；组织目标在很大程度上即是学校有影响的人的个人目标；组织结构是内部参与者相互作用的结果，而不是独立于组织成员之外的不变的统一体；强调领导者个人素质的作用而非正式管理职位的价值，认为领导效果主要取决于领导者的个人素质；领导者充分尊重下属的利益并创造条件帮助其实现，所以很容易获得下属的好感和尊重
模糊模式	模糊模式认为组织的目标是不确定的；同时组织是松散连接的下属单位的聚合，结构也是模糊不清的；在领导职权方面，由于组织结构的不确定性，相应的领导权力也带有模糊性；领导者与被领导者之间的关系也是模糊的
文化模式	文化模式强调组织具有明确且为全部成员所认可的目标；植根于共享的认识观念体系之中，组织形成了稳定的结构；强调领导者的非正式的交流活动对培育组织文化的作用；领导者与被领导者二者之间是平等的关系

分析表中内容可以发现，上述六种模式在组织目标、组织结构以及领导风格上表现出不同程度的差异。如在领导风格上：正规模式实行自上而下的层级领导；学院模式主张领导的作用是促进组织成员在决策上达成一致；政治模式认为领导既是参与者又是中介者；模糊模式中领导的权力是模糊的；而文化模式则认为领导是文化的象征。每个模式都从各自的侧面解释了组织中的管理，其所渗透的思想可以归结为科学管理（如正规模式）和人本管理（如主观模式、文化模式等）两大管理类型。

我国的教育管理理论深受西方组织管理思想的影响，教师管理作为教育管理的一部分，自然也不例外。如专门讨论教师管理类型的学术专著《从对峙到融通：教师管理范式的现代转向》，作者袁小平认为理性管理（亦称科学管理、刚性管理等）和人文管理（亦称人本管理、非理性管理、柔性管理等）是教师管理的两种基本范式，理性的教师管理遵循工具理性的价值取向，呈现出科层的组织导向，在目标上追求外在化体现，将教师看作受动的客体，通常采用强制性的管理方法，评价倾向于精确性。而非理性的教师管理表现出价值理性、专业取向、关心人的内在感受、关注教师主动性、情感式管理以及模糊性评价等特点。[1]

其他相关文献也基本上是在这两大范式下展开的讨论，大多数学者倾向于批判科学管理而提倡人本管理。如郝双美、余晶认为，理性的教师管理存在三个方面的弊端：第一，严格的规章制度，教师成为制度的奴隶；第二，量化管理，教师成为机械的“操作工”；第三，集权管理，教师成为“局外人”。在此基础上提出对教师进行非理性管理，主张学校树立以情感为基础的人性化教师管理理念、创建有利于教师参与的组织结构以及营造有

[1] 袁小平．从对峙到融通：教师管理范式的现代转向 [M]. 长沙：湖南师范大学出版社，2004：12-18.

利于教师发展的外部环境。❶

王良指出，目前推行的等级制教师管理模式存在着三种类型的冲突：第一，工作目标引发的工作矛盾冲突；第二，利益分配引发的矛盾冲突；第三，情意因素（沟通因素、角色因素、压力因素、人性因素）引发的矛盾冲突。并针对性地提出了五条化解矛盾的建议，概括为“五注重”，即：第一，制订工作目标时要注重总体目标与个体目标的有效协调；第二，管理运行方式要注重等级模式与合作模式的配合使用；第三，教师利益分配要注重兼顾勤奋与实效性；第四，对待教师个体要注重主动性与服务性的统一；第五，管理者自身要注重个性修养和管理能力的提高。❷

冀先礼将目前影响教师主体性发展的消极教师管理模式归纳为四种：权力主义管理模式、功利主义管理模式、形式主义管理模式和科层化管理模式。❸这些模式在一定程度上是科学管理思想在管理中的衍生。鉴于科学管理思想在教师管理中暴露出来的种种不足，学者们普遍呼吁并试图构建渗透“以人为本”思想的管理模式。如刘峰在分析组织学习对组织生存和教师自身成长以及当前教师管理存在的问题基础上，认为学习型组织是教师管理发展的必然趋向，提出从管理思想的创新、组织扁平化、信任教师、建立共同愿景四个方面运用学习型组织理论对教师进行管理。❹

李于波在其硕士论文中将文化管理引入学校教师管理，并初步构建了文化管理模式，他认为教师文化管理即是秉承“教师中心”理念，以中学教师的心理和行为特征为依据，以尊重、关心、信任和发展教师为管理手段，通过非强制性的管理方式，将学校的价值观、目标和信念内化转变为教师个人的自觉行为，从而实现学校与教师个人的协调发展的一种管理方式。❺以师为本、双赢、终身学习是其管理理念，其内容包括建立并实施“以师为本”的教师引进机制、用人机制、留人机制和培训机制。李春玲提出发展性教师管理的设想，认为它具有三个方面的特征，即为了教师、服务教师和发展教师。其要求树立发展性教师观、建构学习型教师组织、实施服务式领导以及运用发展性教师评价。❻

综上所述，可以将国内外已有的教师管理划归为两类：即教师科学管理（也叫刚性教师管理、理性教师管理等）和教师人本管理（亦称为柔性教师管理、人文教师管理等）。前者以古典管理理论和教育科学管理理论等为基础，管理者“以‘工作’或‘组织’为中心……强调采用科学的方法进行量化管理，注重提高管理的绩效。”❼

管理者和教师之间是严格的上下级关系，教师被视为被动的、缺乏创造力的个体，管理者往往利用职位权力，凭借行政命令、规章制度、物质激励等手段，自上而下地对教师

❶ 郝双美，于晶．非理性：教师管理思维的新趋势 [J]. 辽宁师范大学学报（社会科学版），2003（5）.
❷ 王良．教师管理中的矛盾冲突及其化解对策 [J]. 教育发展研究，2004（1）.
❸ 冀先礼．影响教师主体性发展的几种消极管理模式 [J]. 当代教育科学，2006（12）.
❹ 刘锋．学习型组织：教师管理的新模式 [J]. 湘潭大学学报（哲学社会科学版），2004（3）.
❺ 李于波．中学教师文化管理模式研究 [D]. 重庆师范大学，2011.
❻ 李春玲．试论发展性教师管理 [J]. 教育理论与实践，2004（9）.
❼ 袁小平．从对峙到融通：教师管理范式的现代转向 [M]. 长沙：湖南师范大学出版社，2004：2.

进行控制。管理是管理者单向度的行为实施，管理者和被管理者之间是通过制度、命令等间接联系的。管理者扮演的是“发号施令者”的角色，想当然地认为教师会忠实地执行其决策，并认为事情会按照其设想的逻辑顺利地发展，是一种典型的直线逻辑推理方式。后者以行为科学理论、组织文化理论等为基础，以“人”为组织管理的中心，管理者关心教师的需要、成就感等，并采取一系列的措施、手段加以满足，以提升教师的满意度，激发其积极性、主动性和创造性。

管理过程中，管理者和教师之间不再是上下级关系，而是同事、同伴关系，教师被视为是能动的、具有创造力的个体，主张不以统一的标准来评价教师的工作。然而，人本管理也存在着不足，正如学者安世遨分析的那样：“人本管理无法实现个体与他人、与群体的协调……重视了组织中人的因素，却削弱了组织中物和制度的作用。”[1]两种管理范式产生于不同的时代背景，各有其优势和局限。随着时代的发展，二者逐渐从截然对立走向寻求融通，生态管理正是在对科学管理和人本管理的批判、继承和超越的基础上产生的。

（三）关于卓越教师培育研究现状

1. 国外关于卓越教师培育研究现状

（1）对卓越教师内涵的研究。国际上主要从卓越教师的价值取向、工作能力、自身特质、专业知识等几个方面对卓越教师的内涵进行诠释。美国的海基曼、维基等（Hilgemann，Vickie，1991）认为应该从师生关系、同事关系、教学能力、专业知识、工作热情等 12 个标准去分析卓越教师的内涵。英国的道娜森、格瑞汉姆（Donaldson，Graham，2004）认为卓越教师应该具有良好的师生关系、爱岗敬业、热爱和尊重学生、灵活的教学方法等主要品质。纳智潘、苏潘（Nachiappan，Suppiah，2012）等人认为学习环境、成长条件、教学方法、教学经验、自己的理想、家庭的支持、管理与合作能力等都是卓越教师应具备的特质和条件。

（2）对卓越教师主要特征的研究。美国学者弗德曼（Feldman，1976）认为热爱教育事业、爱护学生、鼓励学生、专业知识丰富、讲授方法好等是成为一名卓越教师的主要特征；肯·贝恩（Ken Baiia，2005）则认为，卓越教师应该具有为学生创造一个良好的学习环境、帮助学生课外学习和思考问题、以学生为出发点、为学生创造多种学习实践机会等特征。1987 年美国专业教学标准委员会（NBPTS）指出具有较强的事业心和上进心、追求成功、有责任感和使命感、有持之以恒的工作精神、高水平的教学改革能力等是一名卓越教师应该具有的关键特征。

（3）对卓越教师薪资待遇的研究。国际上普遍认为提升教师薪资待遇是吸引卓越教师的基本保障。英国从 2003 年开始，每年发布一次《学校教师工资和条件法》，该法律会非常详细地列举出各种类型教师的工资待遇标准。韩国的金一静（Eegyeong Kim，2008）等通过对教师的薪资待遇进行分析，提出优化教师薪酬体系、提升薪资标准化、薪

[1] 安世遨．对话管理：超越科学管理与人本管理的新范式 [J]. 贵州大学学报（社会科学版），2009（5）.

资评价公开化和科学化等建议。艾伦顿（Ellington，MJ，2005）指出给卓越教师增加工资待遇是防止人才流失的非常可行的建议。

2. 国内关于卓越教师培育研究现状

（1）对卓越教师培育理念的研究。黄正平（2011）提出教师教育应当是培养未来优秀教师的精英教育，教师教育精英化是国际教育发展的基本趋势，是时代发展的应然取向和社会进步的现实诉求。陈勇（2013）认为追求卓越是伴随着教师专业发展过程始终的一种专业追求的理想境界。周先进等（2016）提出“职业院校教师如何建构自己可持续发展的专业目标和价值认同，是教师自己能否成长为卓越教师的内在动力，教师在建构自己的职业目标时应充分考虑个体差异性，并根据不同的情况进行具体分析和优化设计”。张曼娟（2018）认为高职院校教师的综合职业素质是影响高职教育人才培养质量的关键因素。

（2）对卓越教师培育标准的研究。刘利平等（2012）提出卓越教师培养的现实意义，然后指出新时期卓越教师的标准是必须具有为人师表的人格风范，必须具有健全的民主法治观念，必须具有强烈的创新意识，必须具有良好的研究能力，必须具有深厚的文化底蕴和完备的知识结构。李巍（2015）在其论文中认为，新形势下的卓越教师标准应当是全面的知识结构、良好的师德与健康的人格、反思能力与创新意识、对待学生的亲和力。左岚（2016）从教学表现、教学成效、专业精神和社区服务这四个方面提出我国卓越教师评价标准体系模型。王利华（2018）从专业标准体系、社会实践要求、合作能力等三个方面建构我国的卓越教师评价标准体系。

（3）对卓越教师培育模式的研究。赖志群等（2006）认为全程教育实践培养模式的理论基础为现代认知心理学理论和社会学理论；教育实践活动应始终贯穿师范生四年学习过程。宋原（2013）论述了福建师范大学以国家教师专业标准为导向，改革教师教育课程；同时，结合自身学校实际建构的“三阶段六层次”的旨在提高师范生教学能力的教育实践培养模式。龙宝新（2017）提出卓越教师造就需要引入一系列非凡之道，即“一体三维”教育、双专业内融教育、基于实践单元的微型教学、“超专业”意识教育与自我发展力教育。周明星（2016）在其著作中构建了乡村卓越职教师资培育 3D 模式，即三界协同（政界、业界、学界）、三双共生（双导、双校、双能）、三维系统（技术、教术、学术），并提出了独特的培育路径和发展策略。

（四）关于卓越教师政策研究现状

荀子有言：“国将兴，必贵师而重傅，贵师而重傅，则法度存。国将衰，必贱师而轻傅；贱师而轻傅，则人有快；人有快则法度坏。”教师是社会精神的标杆和榜样，树立卓越教师这一榜样成为教育界重要的组成部分。

20 世纪 80 年代起，美国、德国、英国等国家就陆续展开了“卓越教师”计划。如德国 2008 年创建的“共同学术大会”经过几年的发展衍生成了“卓越教师教育计划”；美国也成立了专门的委员会并制定了一系列卓越教师专业标准及评价体系；英国也于 2011

年颁布了《培养下一代卓越教师实施计划》并推进卓越教师培养计划[1]。

2012 年，我国教育部在《全面提高高等教育质量的若干意见》（教高〔2012〕4 号）的第 5 条中首次提出要“实施卓越教师培养计划”，并特别提出“要提升高职学校服务产业发展能力，探索高端技能型人才系统培养模式”。2014 年 8 月教育部发布了《关于实施卓越教师培养计划的意见》（教师〔2014〕5 号），标志着卓越教师将成为未来我国教师培养的主要战略阵地，随后，国内各高校掀起培养卓越教师的实践热潮。[2] 2014 年，湖南省委、省政府颁布了《关于加快发展现代职业教育的决定》（湘发〔2014〕18 号）和《湖南省现代职业教育体系建设规划（2014—2020）》（湘教发〔2014〕50 号）。为打造湖南职教品牌，建设一批起示范引领作用的职业院校，带动湖南职业教育发展水平整体提升，提高职业教育服务“转方式、调结构、促升级”能力，湖南省教育厅实施了湖南省卓越高等职业技术学院建设项目（湘教通〔2015〕167 号），规划建设 20 所左右“办学定位准确、专业特色明显、就业优势突出、服务产业转型升级能力强、有一定技术创新能力、综合水平领先的卓越高等职业技术学院，全面提升办学水平和人才培养质量，增强湖南职业教育的核心竞争力。”在卓越院校建设项目任务书中，其重点建设内容有“特色专业群建设”“教师队伍建设”和“治理能力建设”三个重要方面，由此可见，教师队伍建设在湖南省卓越职业院校建设项目中的重要性。

瑞士著名教育家皮亚杰（Jean Piaget）曾说过：“有关教育与教学的问题中，没有一个问题不是和教师培养的问题有联系的”。职业院校教师数量是否充足、质量是否合格直接影响到职业教育质量的优劣。可以说，教师是提升职业院校教学质量的核心和关键。拥有一支高素质的教师队伍，是建设职业院校必不可少的力量，特别是卓越职业院校建设，教师的培育是卓越职业院校建设的重中之中，卓越职业院校建设的根本就是卓越教师的建设，只有有卓越的教师，才能有卓越的教学质量，才能培养卓越的学生，学校整体发展水平才能堪称卓越。开展卓越校建设背景下的职业学院卓越教育培育策略的研究具有很好的研究价值，是值得开展研究的新课题、新方向。[3]

（五）研究述评

上述国内外研究成果为本研究提供了理论借鉴和思想价值，但还存在不足：第一，尚缺生态视角研究。国内外能够查阅的文献中没有任何文献是从生态视角对卓越教师培育问题进行研究的，因此急需从生态管理学的高度来加以研究。第二，尚缺精准层次研究。国内外现有研究成果中从精准层次对卓越教师培育问题进行研究尚为空白，因此急需对职业院校卓越教师培育问题进行深入和精准的分析。第三，尚缺实证方法研究。国内外大部分研究都是比较分散的，缺乏对卓越教师培育全面深入的系统分析。需从生态视角、精准层

[1] 付淑琼．多方协同：美国“卓越教师培养项目”的质量评价机制 [J]. 教育研究，2016（4）：146-152.

[2] 王定华．关于深入实施卓越教师培养计划的若干思考 [J]. 中国高教研究，2016（11）：1-3.

[3] 肖怀秋，李玉珍等．论卓越教师理论内涵及卓越校建设与卓越教师培育的内在关系 [J]. 江西化工，2019（2）：176-179.

次，系统分析创新职业院校卓越教师培育问题。

三、概念界定

（一）生态管理

生态学原本是“研究生物与环境及生物与生物之间相互关系的科学”[1]，属于生物学的一个分支，后来逐渐发展成为人们认识和处理人与自然以及人与人之间关系的一种智慧、理念和方法。《现代汉语字典》中关于“生”的解释之一是“活的，有活力的”，而“态”字有“形状，样”的意思。所以，生态是一种有活力的样态。生态管理并不是一个固定的专门词条，从某种程度上说它是生态学思想与管理相互渗透、相互融合而催生的一个新概念。已有的相关学术文献对此概念进行讨论的并不多，所以要明确何为生态管理并不是一件容易的事。陈向阳将生态管理定义为：“用系统的、全面的、有机统一的生态学理论和思维方法去研究整个管理生态系统及其规律，把整个管理生态系统视为一个‘有机体’，注重这个‘有机体’中各个组成部分的互动性，偏重于运用生态模拟的方法去建立管理的生态模型。”

本研究中的生态管理是指用生态学理论和思维方法去研究职业院校卓越教师培育的整个管理生态系统及其规律，把整个卓越教师培育的管理视为一个生态系统，注重生态系统中制度、机制、政策、方法、途径等各个生态因子之间的相互作用，及其对生态主体教师的影响。

（二）卓越教师

现代汉语词典对卓越的解释为：非常优秀，超出一般，高超出众。[2]从以上定义可以看出，卓越意味着优秀、无瑕疵、完美、超越、更好或者达到目标的程度。我国教育部实行卓越教师培育项目指出“主动适应国家教育革新的总体要求，培育出大批师德崇尚、专业根基稳固、教学能力凸出的高素质的专业的教师”。卓越教师要有丰富的学科知识、深厚的教学情感、与时俱进的教学意识，并最终归之于卓有成效的教学实践。国内有学者认为卓越教师中的“卓越”有两层涵义：一层涵义是超越他人，比他人高出一筹；另一层涵义是超越自身，即不断地超越自我，使自身的潜能不断得到扩展和提高。[3]

本研究中的“卓越教师”是指职业院校通过对教师职后的精准培育，使其成为具有产业文化素养、先进职教理念、高水平专业知能、可持续发展能力，遵循人与职业和谐发展规律的生态型教师。

（三）精准培育

“精确培育”的理论源自 20 世纪 90 年代，在借鉴由斯科特教授（美）、大卫教授（挪

---

[1] 中国大百科全书出版社编辑部．中国人科全书（生物学Ⅱ）[M]. 北京：中国大百科全书出版社，1991：1364.

[2] 吕叔湘．现代汉语词典 [M]. 北京：商务印书馆，2002：1660.

[3] 傅怀梁．面向“卓越教师”培养的实践育人机制探索 [J]. 中国电力教育，2013（4）：169.

威）、克雷教授（美）、布雷克教授（美）等欧美12名涵盖婴幼儿早期心理学、神经学、脑细胞学、自然科学等诸多领域科学家组成的国际“精确培养”科学家专题关于0~15岁孩子成长过程中研究成果的基础上，在深入研究、探讨和结合中国人文、历史、教育、哲学、儿童成长规律特点、心理等诸多领域学科的基础上，形成了一套以“逻辑思维”为承载体，探究孩子逻辑思维本源的培育理论，该理论被奇思妙教育机构命名为“精确培养”（该理论也曾被顾宏翔教授命名为“载体培育”及“精准培养”等）。❶

精准培育是以量化培养为基础，以不断改进为循环。“精”主要指简化、易操作，让目标和结果之间的时间成本、资金成本、风险成本等不断降低，从而提高管理和培养效率和结果质量；“准”主要是指结果定义得清楚，比如各种培育问题的真正原因、解决措施、行动方案、责任归属等，影响培育结果的各种因素、解决措施、行动方案、责任归属等。“准”就是要量化、细化、可操作化。

本研究中的精准培育是指通过对职业院校卓越教师培育的模式、机制和策略的研究，实现职业院校在实际应用过程中达到卓越教师的目标定位精准，培养模式、培养机制和培养策略精准的效果，精准培育是学校从经验型培育向规范化培育的最有效体系之一，对于卓越教师的培育的规范化、持续化作用显著。

四、研究思路与内容

（一）研究思路

本研究按照职业院校卓越教师精准培育生态管理理论研究→生态管理困境分析→生态管理模式研究→生态管理机制研究→生态管理策略研究的逻辑主线进行研究。

本研究围绕“职业院校卓越教师精准培育”这一核心问题，从生态管理角度对卓越教师精准培育目标、内容等进行分析界定的基础上，探索职业院校卓越教师精准培育的生态逻辑，分析目前职业院校卓越教师精准培育非生态现象及原因，探究职业院校卓越教师精准培育生态模式，依此研究卓越教师精准培育生态管理的机制和策略。

（二）研究方法

文献资料法：检索和整理国内外相关资料，对国内外研究成果进行梳理和分析，以多学科为基础，为研究寻找相关理论并明晰研究思路。

调查研究法：运用调查研究法开展参与性观察，深入了解政府、企业、学校、教师对卓越教师培养的态度和行为，分析目前职业院校卓越教师培育生态现实困境。

系统工程法：采用系统工程法对构建职业院校卓越教师精准培育生态学问题及其有关情况加以分析、确定边界，强调把握培育外部和内部诸因素之间的内在联系、完整性和整体性，在此基础上针对主要问题、主要情况和全过程，运用有效工具进行全面的分析和处理。

关键事件法：考察职业院校卓越教师培育过程中成功或挫折的重要事件，政府和学校

❶ https：//baike.baidu.com/item/%E7%B2%BE%E7%A1%AE%E5%9F%B9%E5%85%BB/9404141.

围绕该事件建立的调适性的关键性机制，以及作用和影响。

（三）研究内容

本研究是一项应用性研究，其主要目标：一是科学界定新形势下职业院校卓越教师精准培育内涵，梳理卓越教师精准培育理论；二是探讨职业院校卓越教师精准培育现实困境，分析和提取职业院校卓越教师精准培育模式；三是研究职业院校卓越教师精准培育生态管理机制和策略。

第一部分，职业院校卓越教师精准培育概述。分析研究的背景和意义，梳理文献，从关于生态管理研究现状、教师管理研究现状、卓越教师培育研究现状、卓越教师政策研究现状几个方面进行国内外研究综述，界定生态管理、卓越教师、精准培育的概念界定，并阐述本研究的思路、方法与主要研究内容。

第二部分，职业院校卓越教师精准培育生态管理逻辑研究。从生态管理角度，科学界定新形势下职业院校卓越教师精准培育的内涵，明晰职业院校卓越教师精准培育的专业素质、专业标准和成长规律；运用生态学、教育学、社会学、管理学等学科知识探索职业院校卓越教师精准培育生态学的理论，搭建课题研究理论框架。

第三部分，职业院校卓越教师精准培育生态管理困境分析。对目前职业院校卓越教师培育条件、培育环境、培育政策、培育目标、培育内容、培育模式和评价方式等进行调查，分析其生态系统存在的问题，探究当前职业院校卓越教师培育存在非生态现象的原因。

第四部分，职业院校卓越教师精准培育生态管理模式研究。总结前期研究成果，分析目前适用于职业院校卓越教师培育的模式，主要有基于学历提升的卓越教师培育模式、基于技能竞赛的卓越教师培育模式、基于师徒制的卓越教师培育模式、基于校企合作的卓越教师培育模式等，这几种模式综合运用将推动职业院校卓越教师精准培育。

第五部分，职业院校卓越教师精准培育生态管理机制研究。综合分析职业院校卓越教师精准培育的生态学理论、现实困境和培育模式，从卓越教师精准培育的内在动力（自主发展）、卓越教师成长的价值导向（文化引领）、卓越教师精准培育的重要途径（教师培训）、卓越教师精准培育的现实依托（项目推动）、卓越教师精准培育的同伴支持（团队合作）、卓越教师精准培育的规则保障（制度建设）几个方面构建职业院校卓越教师精准培育生态管理机制。

第六部分，职业院校卓越教师精准培育生态管理策略研究。在前期研究基础上，提出职业院校卓越教师精准培育生态管理策略主要有：明确培养目标，增强卓越意识；创新培养方式，注重协同培养；推动终身教育，提升综合能力；塑造典型带动，营造卓越氛围；完善管理机制，鼓励参与管理；革新评价理念，健全评价制度。

本章小结

本章通过分析认为，生态管理视域下职业院校卓越教师精准培育的研究，对于丰富职业院校教师教育理论、促进职业教育学科建设有着独特的理论价值，同时为学校培育出一批高素质、强能力的优秀教师，有助于提高职业院校教师队伍素质。通过国内外学者对卓越教师的研究现状分析，认为国内外研究成果为本研究提供了理论借鉴和思想营养，但还存在不足，需从生态视角、精准层次、实证方法创新职业院校卓越教师培育问题。界定了生态管理、卓越教师和精准培育的概念。最后对研究目标、研究内容、研究思路和研究方法进行阐述。

第二章　职业院校卓越教师精准培育生态管理逻辑

一、职业院校卓越教师内涵特征

（一）卓越教师的内涵

“卓越教师培养工程”是我国卓越人才培养中的一项非常重要的内容。2010 年，教育部根据《国家中长期人才发展规划纲要（2010—2020 年）》和《国家中长期教育改革和发展规划纲要（2010—2020 年）》的有关精神要求，选择部分高校，着手实施卓越教师、卓越工程师、卓越医师和卓越律师四类人才培养模式改革试点工作。同年 6 月，在天津召开了“卓越工程师培养工程”会议，标志着我国“卓越计划”正式启动，随之“卓越教师培养工程”也相应启动。2012 年，教育部组织部分师范院校开展“卓越教师培养体制改革试点项目方案”，创造性地实施了“卓越教师”人才培养计划。[1]2014 年 8 月，教育部颁布《关于实施卓越教师培养计划的意见》（教师〔2014〕5 号），《意见》明确提出：“建立高校与地方政府、中小学协同培养新机制，培养一大批师德高尚、专业基础扎实、教育教学能力和自我发展能力突出的高素质专业化”的卓越中学教师、卓越小学教师、卓越幼儿园教师、卓越中等职业学校教师和卓越特殊教育教师。实施卓越教师培养计划的根本目的就是不断深化教师培养机制、课程、教学、师资、质量评价等方面的综合改革，努力培养一大批有理想信念、有道德情操、有扎实学识和有仁爱之心的好老师。[2]

卓越就是一个不断追求自我完善与提升的状态与动态发展的过程。实际上，卓越教师只是对高水平优秀教师的一种预期，很难给卓越教师一个明确的界定和能够具体量化的标准，更多地体现为一种柔性或者说程度性的定性描述。[3]简单地说，卓越教师是指具备超出一般教师的专业素质并且不断追求完善的优秀教师。而专业则是指区别于一般职业并具有不可替代性的专门职业[4]。新时期对教师作为一个专门职业做出的定义，早在 20 世纪 60 年代就得到了确认。1966 年，联合国教科文组织和国际劳工组织通过的《关于教师地位的建议》中指出：“应把教育工作视为专门的职业，这种职业要求教师经过严格的、持

[1] 周春良．卓越教师的个性特征与成长机制研究：基于 163 位特级教师的调查 [D]. 上海：华东师范大学，2014.

[2] 杨靖．打造卓越教师支撑教育综合改革 [N]. 科技日报，2014-09-30. 中国教育报记者．推动教师教育综合改革培养人民满意好教师 [N]. 中国教育报，2014-09-19.

[3] 周先进．卓越教师：内涵、素质及培养 [J]. 农业教育，2015（8）：31-35.

[4] 厉以贤．现代教育原理 [M]. 北京：北京师范大学出版社，1988：64-65.

续的学习，获得并保持专门的知识和特别的技术。”国际劳工组织制定的《国际标准职业分类》中，教师被定义为“专家、技术人员和有关工作者”。1993年，我国颁布的《中华人民共和国教师法》中第三条明确规定：“教师是履行教育教学职责的专业人员，承担教书育人，培养社会主义事业建设者和接班人，提高民族素质的使命。”1995年、2000年，我国分别颁布的《教师资格条例》和《〈教师资格条例〉实施办法》都明确了通过资格认定获取教师专业职位的方式。这一系列法律条例的颁布意味着在世界范围内，教师的专业地位通过法律的形式得以肯定和保障。另据有关学者研究，教师所具有的专业特殊性，表明教师职业具有不可替代性，因此，教师作为专门人才，必然得到全社会的认可。按照顾明远的观点，“教师如果没有社会地位，教师的职业不被社会尊重，那么这个社会的教育大厦就会坍塌，这个社会也不会进步”。[1]

教师作为一种职业，需要从教教师具备专业素质。“专业素质是专门职业对从业人员的整体要求”。[2]“‘教师素质’与‘教师专业素质’不等同，‘教师素质’是指教师所应具备的所有素质，体现的是对理想教师形象的追求，突出‘全面性、理想性’。而‘教师专业素质’是指经过系统的师范教育，并在长期的教育实践中逐渐发展而成的具有专门性、指向性和不可替代性的素质，强调的是教师职业的‘特殊性、标志性’”。[3]

卓越教师作为教师群体中的“领头羊”，相较于一般教师而言，拥有更为卓越、鲜明、个性化的素质结构。教师素质、教师专业素质、卓越教师专业素质三者是由“博”到“专”、由“一般”到“特殊”的关系，三者之间不冲突、有重复但又不完全等同。具体而言，教师素质应从“教书、育人”出发，囊括所有与此二者相关的素质。而教师专业素质，不同学者通过不同的方式得出不一样的结论。叶澜认为，教师应具备的专业素质结构包括专业理念、知识结构和能力结构。[4]教育部师范司认为，教师应具备的专业素质包括专业知识、专业技能和专业情意。[5]孟万金认为，教师应具备的专业素质包括专业理念、专业智能、专业情怀、专业规范。[6]谢安邦、朱宇波认为，教师应具备的专业素质包括职业道德和专业精神、文化修养、能力结构和身心素质。[7]王卓、杨建云认为，教师应具备的专业素质包括：教育专业知识、教育专业能力和教育专业精神。[8]虽然各学者对教师专业素质看法不尽相同，但又具有相通性。归纳既往研究，将教师专业素质大体上归结为知识性素质、发展性素质、品德性素质等。

据此认为，卓越教师的专业素质是教师专业素质的深化，其特征是优秀区别于普通、卓越区别于一般的专业特征之和。职业院校卓越教师除具备卓越教师普遍具有的专业素质

[1] 顾明远．师范教育的传统与变迁 [J]. 师范教育研究，2003（5）：16.
[2]、[5] 教育部师范教育司组织编写．教师专业化的理论与实践 [M]. 北京：人民教育出版社，2003：51.54.
[3] 王卓，杨建云．教师专业素质新诠释 [J]. 教育科学，2004（5）：51-53.
[4] 叶澜等．教师角色与教师发展新探 [M]. 北京：教育科学出版社，2001：230.
[6] 孟万金．教师的专业素质及其立体架构：校长的视角 [J]. 教育研究，2004（25）：57-62.
[7] 谢安邦，朱宇波．教师素质的范畴和结构探析 [J]. 教师教育研究，2007（19）：1-5.
[8] 王卓，杨建云．教师专业素质新诠释 [J]. 教育科学，2004（5）：51-53.

外，还有其内在的、特殊的专业素质结构，就是卓越的专业技术技能、卓越的实训实践能力、卓越的职业规整能力、卓越的行业合作能力等。

（二）卓越教师的特征

职业院校卓越教师与普通卓越教师同为教师，他们具备的专业素质有共同之处，但由于职业教育的本质属性即技术技能性，决定了在教学目标、教育方式和教育对象等方面，职业院校有别于普通院校，职教教师区别于普教教师的特殊专业素质。根据卓越教师的基本内涵，可以将其专业素质基本特征概括为三个方面：发展性、稳定性和示范性。[1]

1. 卓越教师应具有发展性特征

成为卓越教师是一个柔性的发展过程，一名普通教师要成为卓越教师不可一蹴而就，从纵向发展上一般要经过从“新手”到“熟手”“能手”“高手”再到“旗手”即卓越的过程；从横向发展来看，应该具备卓越的理论知识体系、卓越的教育教学艺术、卓越的实践操作能力、卓越的专业指导能力、卓越的人格魅力、卓越的教育研究能力等。因此，职业院校教师只有通过不断地自我发展、修炼才能达到卓越的境界，成为名副其实的卓越职业技术教育教师。然而，要教师做到不断追求卓越仅仅依靠外界的力量远远不够，关键在于教师自身源自内心对于卓越的认同与渴求。职业院校卓越教师专业素质的发展性主要是指自身追求卓越的内在动力和渴求。社会分工越来越细，要求的人才越来越多样化，教师需要通过不断地完善自我才能满足培养多样化人才的需求。追求卓越的内涵不仅包括学术知识的丰富、技能水平的纯熟，更应具备的是健全的人格、崇高的师德以及丰满的思想。

2. 卓越教师应具有稳定性特征

教师在成长为卓越教师之后，仍应一心为学术研究、教学而努力，不应将过多精力分散在学术之外的领域，导致自身发展后劲不足。在调研中发现“工作任务繁重，压力大”是当前我国职业教育教师发展面临的重大问题，从自身专业发展的角度看，“教师希望拥有足够的时间和资源”这一选项得分最高，达到 3.66 分。由此可见，要成为卓越教师，从外部来看，要有足够的时间和资源作保证，要给教师以宽松的工作、生活、学术环境；从内部来看，需要教师自身具有稳定性的特征和卓越的心理承受能力，才能够从众多繁杂的事务中抽出身来，专注自身成长、发展。

3. 卓越教师应具有示范性特征

卓越教师之所以卓越，有一个显著的特征：他能通过自己不断地追求发展带动身边的人一起成长，并在各方面为教师团队树立榜样，以一个卓越教师为切入“点”，进而带动整个教师团队发展成“线”，最后在教师中形成良好的自我发展“面”。如果用一个有效数据进行分配的话，卓越教师要用 80% 的时间和精力完成其他教师应该完成的 100% 的任务，再用余下 20% 的时间和精力为专业建设、教师团队发展、教育教学改革、师生综合素质和能力提升等方面做出更大的贡献和示范作用。

---

[1] 刘青青，周先进．职业院校卓越教师专业素质的内涵及构成要素 [J]. 职业技术教育，2017（2）．

二、职业院校卓越教师专业素质

（一）专业及专业的本质特征

在“教师专业发展”中，“专业”（profession）是一个最基本的概念。了解专业及专业的本质特征，有助于对教师专业发展的理解。[1]

1. 专业的概念

“专业”一词，在现代社会的日常生活中已经是一个耳熟能详的术语了，但人们对其含义的理解还是比较模糊的。

“专业”一词最早是从拉丁语演化而来，原始的意思是公开地表达自己的观点或信仰。与之相对的是“行业”（trade），包含着中世纪手工行会所保留的对其行业的专门知识和技能控制，只能传授给本门派的人的神秘色彩。德语中“专业”一词是 beruf，其含义是指具备学术的、自由的、文明特征的社会职业。

《现代汉语词典》中关于“专业”的解释是：①高等学校的一个系里或中等专业学校里，根据科学分工或生产部门的分工把学业分成的门类；②产业部门中根据产品生产的不同过程而分成的各业务部分；③专门从事某种工作或职业的；④具有专业水平和知识。

凯尔·桑德斯（A.M.Carr-Saunders）认为，专业是指一群人在从事一种需要专门技术之职业，这种职业需要特殊的智力来培养和完成，其目的在于提供专门性的社会服务。日本学者石村善助认为，所谓专业，即专门职业，是指通过特殊的教育或训练掌握了已经证实的认识（科学的或高深的知识），具有一定的基础理论的特殊技能，从而按照来自非特定的大多数公民自发表达出来的每个委托者的具体要求，从事具体的服务工作，借以为全社会利益效力的职业。冬尼（R.S.Downie）认为倘若要给专业寻找定义，那么我们的目标应是对专业群体共同性的宽泛概括，而不是一套严格的充分必要条件。

2. 专业的本质特征

在对专业进行语义学的解释时，社会学者则关注于对专业本质特征的揭示。社会学中关于专业本质特征的分析架构主要有两种理论模式，即“特质模式”（trait model）和“权力模式”（power model）。在此我们主要介绍“特质模式”。

特质模式把专业界定为基于专业知识和职业道德而建立起来的职业群体，它所提供的社会服务具有不可或缺的社会功能。这一模式是在结构功能主义社会分析理论指导下，以医生、律师等社会公认的成熟的专业作为理想的模式，从中归纳出一系列的专业特质，以此建立起一套具有普遍性的专业特质量表，用来度量职业群体的专业化程度，并判定哪些职业是专业。

1948 年美国教育协会提出了专业的八条标准特质，它们是：

①含有基本的心智活动；

②拥有一套专门化的知识体系；

[1] 教育部师范教育司组织编写.教师专业化的理论与实践 [M]. 北京：人民教育出版社，2003：32.

③需要长时间的专门训练；

④需要持续的在职成长；

⑤提供终身从事的职业生涯和永久的成员资格；

⑥建立自身的专业标准；

⑦置服务于个人利益之上；

⑧拥有强大的、严密的专业团体。

1956 年利伯曼（M．Liebeman）提出了专业的八条特征：

①范围明确，垄断地从事社会不可缺少的工作；

②运用高度的理智性技术；

③需要长期的专业训练；

④从业者无论个人、集体均具有广泛的自律性；

⑤在专业的自律性范围内，直接负有作出判断、采取行为的责任；

⑥非营利，以服务为动机；

⑦形成了综合性的自治组织；

⑧拥有应用方式具体化了的伦理纲领。

1984 年曾荣光通过综合韦伦斯基（Wilensky）和古德（Good）的研究，提出了专业的七条核心特质和十条衍生特质，其中专业的核心特质包括：

①一套有学术地位的理论系统；

②一套与理论系统相适应的专业技术；

③理论与技术的效能获得证实与认可；

④专业知识具有不可或缺的社会功能；

⑤专业人员服务具有忘我主义；

⑥专业人员具备客观的服务态度；

⑦专业人员的服务公正不偏。

其中前四个方面属于专业知识的范畴，后三个方面属于专业服务的范畴。专业的十条衍生特质是：

①受过长期的专业训练；

②专业知识是大学中的一门学科；

③专业形成了垄断的专业知识系统；

④有管理控制职业群体的自主权；

⑤有制裁成员权力的专业组织；

⑥专业人员对当事人有极高的权威；

⑦对与其合作的群体有支配权；

⑧专业人员对职业投入感强；

⑨有一套制度化的道德守则；

⑩获得社会及当事人的信任。

综合起来看，一种职业要被认可为专业，至少应具备以下三方面的基本特征：

（1）具有不可或缺的社会功能。职业是社会分工的产物，社会分工的发展变化决定和制约着职业的发展变化。在人类社会初期，就存在着建立在性别和年龄基础上的自然劳动分工，如男女的劳动分工、老人和儿童的分工，但那时还没有出现职业，还没有固定从事某项专门工作的人。随着人类社会的发展，一部分人开始专门从事驯服、饲养动物的畜牧工作，于是畜牧业从原始农业中分离出来，实现了人类历史上的第一次社会大分工，人类开始出现职业。以后，人类社会又实现了第二次、第三次的社会大分工，职业活动成了普遍的社会现象。随着生产社会化程度的日益提高，分工日益细化，职业也越来越多。

任何职业都具有一定的社会功能，即有社会存在的价值，对社会发展具有推动作用，包括在日常生活中对于国家和人民的共同福利所担负的责任，对于发展社会政治、经济、科学、文化事业的意义，每一种职业的社会功能是不同的。一般来说，专门职业对社会具有重要作用，其作用的重要性表现在它具有不可或缺的社会功能，即它不但对社会有作用和贡献，而且其作用和贡献更是整体社会继续存在及发展所不可缺少的，倘若专业服务不足或水准低落，则会对社会构成严重的伤害。

专业的社会功能属性，决定了其从业人员须具备较高的专业道德规范和专业素养，以更好地履行专业职责、承担社会责任，促进专业社会功能的实现。

（2）具有完善的专业理论和成熟的专业技能。专业理论和专业技能是一种职业能够被认可为专业的理论依据和技能保障。作为一门专业，必须建构起自己相对完整的理论体系，为具体的专业活动提供思想指导，从理论上指明专业发展的方向，确定专业知识的框架，明确专业活动的对象和范围，掌握从事专业工作所需要的专业知识。

专门职业对专业知识和技能的要求决定了从业人员只有经过长期的专业训练，才能掌握其工作方法和实践能力，胜任专业工作。正如有的学者指出：首先，由于专业知识是包括理论系统与实践原则，所以专业的训练每每较其他职业需要更长时间的学理学习及在职实习，亦因此专业的职业社会化比较完整和深入；其次，由于专业知识是包括复杂的理论系统及实践原则，加上专业内每每自备一套特有的词汇、传播方式与操作程序，因此专业知识每每自成一封闭系统，而形成所谓的“圈内的知识”，而且“圈内的知识”的形象更能为社会大众所接纳，即一般人都相信专业知识非他们所能理解、掌握并接受，只有受过专业训练者才有能力，甚至才获准运用这些知识，否则便可能对整体社会构成伤害。

（3）具有高度的专业自主权和权威性的专业组织。高度的专业自主权和权威性的专业组织成为专业实践和发展的内在要求。由于专业活动所依赖的专业知识是“圈内的知识”，是一套“高深的学术”，它只能为专业人员所掌握，并为专业人员所垄断。因此，只有业内人员才有能力对业内的事务作出判断，控制业内的裁决权，如审核执业者的资格与能力、判断执业者的专业水平与品行等。为了独揽业内的裁决权，专业内必须形成一个对从业人员具有制裁权力的专业组织。

所有公认的专业一般都有一个强大的专业组织，专业组织往往具备了三重职能：保证专业权限、保证水准、提升专业地位。“专业一出现，开业者就被建立一个专业组织的共同兴趣所推动……那么引起每一个专业的成员建立专业团体的动机是什么……当然首先是随着专业的出现，开业者中受过较好的训练的人认识到他们拥有一定的技能……但公众并没有赋予他们对此描述的独特权力。不仅训练很差的人可以用这些头衔来称呼他们自己，而且没有任何训练的人也会如此。受过较好训练的人要求应该以某种方式对此予以区别，最后他们建立了协会，协会成员被限于那些拥有最低限度的资格的人……后来，这些协会逐渐要求所有的开业者至少都应该拥有最低限度的资格……可以说，在排斥无资格的人的意义上，专业协会是独一无二的……第二动机是专业其实希望建立和保持一个关于专业行为的专业标准……这样，专业协会可以规定和实施专业行为守则。换句话说，专业协会成员不仅相互担保他们的能力，而且相互担保他们的荣誉……第三个动机……是提高专业地位。”

3. 教师职业是一种专业

专业和职业是有区别的。这种区别概括起来主要表现在以下几个方面：

（1）从事专门职业需要以掌握系统的专业知识和技能为前提，按照科学的理论和技术行事；而从事普通职业无须专门的知识和技能，只需按例规行事。

（2）专门职业的从业人员需要接受长期的专业训练，而且这种训练是在大学里进行的，是以是否接受过专门教育为标志；而普通职业的从业人员无须接受长期的专业训练，主要通过个人体验和个人工作经历而积累工作经验。

（3）专业与职业相比，更多地提供一种特有的、范围明确的、社会不可或缺的服务，在自主的范围内对于自己的专业行为与专业判断负有责任，以高质量的专业服务获得报酬，并且把服务置于个人利益之上。

（4）专门职业把服务和研究融为一体，即专业人员不仅要提供优质的专业服务，同时为了保证服务品质和服务水平的不断提高，还要在服务中不断进行研究，通过研究提高专业水平，并且对专业人员而言，这种研究是一种自觉的行为；而普通职业仅提供一种社会服务，没有研究的意识。

（5）在专业问题范围内，有明显的内行和外行的差异，非专业人员对专业内的事物了解极为浅薄，正所谓隔行如隔山；而普通职业无内行和外行之别。

（6）专门职业的从业人员把工作看作一种事业、一种生活方式，不同专业的从业人员有不同的生活方式，而普通职业的从业人员仅仅把工作当作一种谋生手段。

（7）专业人员一般具有较高的职业声望。

当我们明了专业和职业的不同之后，那么我们要问：教师职业是一种专业吗？埃利奥特等西方学者认为，教师与医生、律师、神父职业被并称为“四个伟大的传统专业”。但史汀内特、曾荣光、韦伦斯基等人通过对教学工作的特征与专业标准的吻合程度进行分析后认为，教师职业与“已确立的专业”的专业化程度的要求还有一定的差距，是一种“准专业”或“边际专业”。埃齐奥尼等人将教师、护士、社会工作者三类人员划归为“半专业”

人员，认为教师培训时间较短、社会地位较低、团体专有权难以确立、特有的专业知识较少、专业自主权缺乏。也就是说教师的专业化程度不及典型的专业人员，如医生等，还没有达到完全专业的水准。

（二）卓越教师专业素质一般性分析

1. 职业院校卓越教师专业素质的含义

专业素质又称专业技术素质，是指人们对从事某一职业或承担某项工作所需的专业技术知识和职业操作技能的理解程度及占有范围。对于职业技术教育师资来讲，专业技术素质是他们进行教育教学活动、实现人才培养目标的基础和先决条件。专业技术素质的内涵包括本专业需要的职业操作技能、技术知识、职业技术教育的理论与方法、职业指导方面的理论与方法。

第一，职业操作技能。职业技术教育的实施过程和所有教学活动的最终目的，就是运用科学的方法，使用有效的手段，利用有限的时间去最大限度地开发学生的“潜能”，以便使他们都能掌握从事某一职业或承担某项工作的专业技术知识和职业操作技能。教师作为各种技能的主要传授者，本身能否进行高水平技能型操作的示范和指导，是决定整个教学过程能否成功的关键。因此，作为卓越教师，必须要具备卓越的职业操作技能。

第二，技术知识。职教师资具备一定的技术理论知识和专业基础知识，可以保证相应教学内容与具体职业内容之间的一致性，提高学生对职业和工作的适用性，此外还能保证专业教学内容的超前性和广泛性，提高学生对技术转变的适应性和主动性。而且卓越教师必须具备卓越的技术知识体系，即具备一般教师所不具备或不完全具备的“绝技绝活”。

第三，职业技术教育的理论与方法。它是指那些能够促进职业技术教育师资教学能力形成及发展的教育基础理论和职业技术教育理论知识、教育技能与方法。能否掌握职业技术教育的前沿理论与方法，不仅只是关系到教师们能否顺利进行教育和教学工作，而且还将影响所有职业技术教育过程的存在价值和社会效益，也是卓越教师应具备的基本素质。

第四，职业指导方面的理论与方法。职业指导就是根据学生的身心特点、家庭情况、就业需求和学生特质与兴趣等方面的具体情况，通过咨询的方法，帮助学生选择相应工作和工作层次的就业指导过程。为了保证能够有效地开展职业指导工作，帮助学生进行合理的择业决策，卓越教师必须掌握职业指导的基本理论与方法，并能适时有效地指导学生进行职业认同和选择。

2. 职业院校卓越教师的一般专业素质

根据传统的认识，素质通常是指事物本来的性质。根据心理学的原理，素质是指人们生来就已经具有的，在解剖生理上的某些特点。但在职业技术教育领域内，当前教育界人士认为素质的含义还应涵盖人们后天的经验和已掌握的技能。所以，当我们谈及职业技术教育师资所应具备的素质时，就不单单是指在解剖生理方面的某些特点，同时还包括那些促其自身专业能力和教学能力形成与发展的各种知识及技能的占有范围和理解水平。因此，素质是指人们能力形成与发展的物质基础和自然前提。有什么样的素质，才可能发展成什么样的能力。根据这一原理，职业院校卓越教师师资要拥有职业技术教育的课程开发与评估能力、教学设计能力、教学实施能力、教学评估能力、公共关系开发能力、对学生的指导能力、自我完善的能力等八种主体能力，除了主观努力和长期实践外，更重要的就是要具备与之适应的一些基本素质。换句话说，只有拥有了相当多的专业技术知识和职业技能，掌握了一定的职业技术教育理论和教学方法，而且生理心理均属健康的人，才有可能发展成为卓越的职业技术教育师资。

职业院校卓越教师的专业技术能力和教学能力是在其自身素质基础上形成与发展起来的，同时教师素质的好坏，在某种程度上，甚至制约着职业技术教育事业的发展与推动。《孔子·礼记》："师者，教人以道者之称也。""师也者，教之以事，而喻诸德者也。"《荀子·议兵》："四海之内若一家，通达之属莫不服从，夫之谓之人师。"《师说》（韩愈）："师者，人之模范也。""师者，所以传道、授业、解惑也。"以上这些定义有的是按教师的功能和作用做出界定的，有的是从教师所应具备的品质来加以说明的，都从某一方面表述了教师的基本特征。职业院校卓越教师也是教师，他们也应具有作为教师的一般素养。教师要很好地完成教育、教学任务，培养出高质量的学生，必须兼备良好的教师职业道德和完善的教育心理科学知识，以及积极的个体身心素质。

第一，教师职业道德。顾名思义，就是教师这个行业的道德，即教师这个行业的人在从事教师的职业活动时的行为规范。职业道德，既要体现社会、时代的道德准则，又要体现各行各业自己的特点，并且具有在长期社会实践中自然形成的特点。教师职业道德就是反映教师职业特点的社会行为准则。卓越教师职业道德主要包括以下几个方面的内容：

①对待教育事业的道德规范；

②对待学生的道德规范；

③对待教师集体的道德规范；

④对待自己的道德规范；

⑤引领教师团队的道德规范；

⑥引领职业教育发展的职业规范。

第二，教育心理科学知识。作为卓越教师，除了具备广泛而卓越的文化知识专业知识外，还应具有卓越的教育心理学知识。教师要搞好教学，必须了解教育活动的规律和教育过程中学生的身心活动规律，缺乏系统的教育心理理论知识武装，教师的教育活动难免陷于盲目被动。

职业学校学生心理素质特征和普通中学学生大不一样。普通高中学生多有心理优越感，追求的目标是读大学、读硕士、博士，将来是当教授、当学者、当这"家"、当那"家"，在家长和社会心理的引领下，动力较足，上进心一般很强。而职业中学学生，多是文化基础较差，认为自己考不上普通高中的学生，他们的文化基础素质大多较普通高中学生低，好像在人们心目中天生就是差生，学生自己也多有自卑感，不少学生出于无奈才进入职业学校，一般学习动力不足，胸有大志的很少。因此，职业学校的教师尤其是卓越教师只有了解自己学生的心理特征，才能有效地进行教育活动。职业教育，教学活动本身也和普通高级中学教育有许多不同，在教育教学原则、方法、手段、形式等方面都有自己的特点。这就要求广大职业学校的教育者不仅要懂得普通教育学、心理学的理论，而且要掌握职业教育学、职业教育心理学、职业教育法等方面的知识，能够按照职业教育的规律、原则、方法去从事教育教学活动。职业技术学校的教师除要具备高尚的道德修养、渊博的理论知识、卓越的操作技能之外，必须具备较为完善的教育心理科学知识。从某种意义来说，职业学校教师的专业素质必然高出普通中校“一般”教师范畴。职业学校卓越教师更应具备卓越的心理素质、心理品质和心理学科知识。

第三，个体身心素质。身心素质分为心理素质和身体素质两个方面：心理方面，能承受挫折和失败，勇于接受挑战，能适应各种环境，既要有从众性、合群性，又要有个性、独立性，有接受新鲜事物的欲望和广泛的兴趣爱好；身体方面，具有健康的体魄，仪态大方，热爱体育运动，具有卫生保健知识，掌握科学的健身方法，全面发展体能，增强身体的灵活性、耐力及反应力，具有良好的生活规律和卫生习惯。教师的个性心理品质是影响教育、教学效果的一个重要因素。

研究结果和事实告诉我们，一名教师达到了必要的智力、知识水平和具备一定的教育能力之后，其自身的个性品质就是影响学生成长的重要因素，正如哈马切克（D. Hmachek）所说：“两位具有同等智力，受到同等培训，对课题材料达到同等掌握的教师，却很有可能在教学成绩上有很大差异，部分差异是由于教师的个性对学习者的影响造成的。[1]”前苏联学者高纳波林认为：“教师的个性是教育工作成功的有决定意志的因素。”[2]

（三）卓越教师专业素质特殊性分析

1. 职业教育特性的适应性

职业院校教师素质的特殊性是由职业教育的特殊性所决定的，因此，我们有必要认识职业院校教育特色究竟体现在哪些方面。职业教育作为教育的一种类型，它既要有教育的共性，更要有自己的个性即特色，只有这样才有存在的必要，才会有生命力。

适应职业教育的教育性，要求卓越教师具备较强的科研能力和较高的理论修养。我国职业教育是在初高中和职业中专文化基础上，培养具有必要的理论知识和较强实践能力，从事生产、建设、管理、服务等第一线和农村急需的专门人才，是在中学校中实施的教育，是我国教育的重要组成部分。职业教育的“教育性”：一是学生的文化基础教育，是在初高中文化基础上，除了职业技术的培训外，还要接受相当比例的文化基础教育，毕业生需具备相当的文化素质，为今后学习和发展提供保证；二是新技术教育，不仅要掌握本专业成熟技术和管理规范，还要着眼于未来高科技信息、高技术及应用领域，使之渗透于教育教学的全过程；三是毕业生的综合素质教育，培养的毕业生应具有更强的综合应用能力、创新精神和创业能力。

---

[1] 李执芬. 谈中学英语教师的心理学修养 [J]. 昭乌达蒙族师专学报，2003，24（4）：80.

[2] 刘暖. 教师的人格魅力 [J]. 生活教育，2008（1）：27.

由于职业院校教育的生源主要是普通初高中和中职毕业生，要完成职业学校的培养任务，对这两类学生的基础教育应各有侧重，中职生应加强文化基础的学习，初高中生应加强基础技能的训练。

适应职业教育的职业性，要求教师具备指导学生就业和创业的知识和能力。职业技术教育是从一个人将来从事的职业或技术领域的需要出发，分析其所必需的知识、能力和素质，构建教学培养模式，因此，职业定向性是它的本质特性。

职业院校教育的职业性表现在专业设置、培养目标、人才规格、教学内容和方法、师资队伍建设等诸方面：

①职业技术教育必须以市场需求为导向，针对社会职业岗位（群）或相应技术领域的需要设置专业。

②职业技术教育是以某一社会职业岗位或技术岗位群所需要的理论知识和技术技能为依据，面向生产、建设、管理、服务第一线，培养技术应用性人才，以及高新技术关键岗位的操作、检测、调试和维护的智能技能型人才。

③在基础理论、专业理论知识和实践技术技能各方面，职业学校人才必须具有复合型特征，这种复合型人才，不仅表现在相关专业知识的整合，而且表现在技术和技能的统合。

④职业院校教学内容不是以某一专业的学科理论为依据，而是针对某一职业岗位（群）的实际需要，以胜任岗位工作需要的理论知识、技术技能、品德和非专业能力为依据，贯彻“能力本位”的教学思想，具有很强的针对性和应用性。

⑤职业院校教育强调与职业环境相近或类似的职业岗位进行实践训练，以促进专业技能的掌握和职业素质的形成，实践教学以培养技术应用能力为目的，在教学安排中占有较大的比例，毕业生参加职业技术等级考核，获得“双证”。

⑥职业院校教育的培养目标决定了职业院校教育师资的双重素质，他们既是讲师，又是工程师，还要从行业、企业、用人单位聘请部分既有理论又有实践能力的兼职教师，建立一支以专职为主、专兼结合的“双师型”师资队伍。

适应职业教育的技术性，要求教师具备熟练的技能技巧。现代社会，人们的分工越来越具体，对人才的需求趋于多元化。课题组对人才的诸种类型作出如下划分：第一种类型为学术型（基础研究型、科学型）人才，其任务是探索、发现自然界和人类社会的奥秘（规律），即“认识世界”。第二种类型为工程型（工程科学型、技术研究型）人才，运用已知的自然和社会发展的规律“改造世界”，进行应用研究，技术理论研究，开发、设计、规划、决策、领导改造自然和改造社会的工程。第三种类型为技术型（应用型、技术应用型）人才，他们的任务是在生产或社会服务的第一线，领导和组织工程设计（广义的）并将规划方案付诸实施，这一类人才在经济和社会不发达的地方，往往由较低层次教育培养。而在现代社会，越来越多地由较高层次教育来培养，这就是职业教育的高移现象。第四种类型为技能型人才，具有技术操作能力和解决操作中出现问题能力的人才。

我国的职业院校教育主要培养技术型人才，属于专业技术教育。技术型人才是介于工程型人才与技能型人才之间的中间人才，其任务是将工程型人才的意图或工程图纸转化为物质实体，并能在现场从事技术指导和管理工作。因此，这种人才必须具备一定的专业理论和较强的技术应用能力，它既不是普通学校的“通识”教育，又不是中职强化的“专识”教育。“职业院校教育所指的技术，主要是以理论为指导的应用技术，同时，还要掌握一定的经验性技术。”[1]因此，基础理论应以技术应用为依据，以“必须”“够用”为度，专业课应加强针对性和应用性，同时应加大实践教学的力度。

2. 职业院校卓越教师专业素质的特殊性

职业院校卓越教师不仅与普通教育师资素质要求上有差异，而且与技术人员的素质也有很大差异。日本工业大学土井正志智教授等对技术人员与职业技术教师的差异做了如下比较，见表 2-1。

表 2-1 公司技术人员与职业技术学校专业课教师差异比较

公司技术人员	职业技术学校专业课教师
制造产品	指导制造产品的教学及制造产品的方法等
使用机械、工具、装备	使用规定的设备并教授学生
掌握专门技术	除掌握专门技术，还需指导技术操作
需要专门的知识	除专门知识，还要掌握教育学知识
需要诚实、坚强、忠实的品质	除需要工程师的品质外，还要有耐心和组织领导能力

职业院校卓越教师作为职业教师队伍中的一个特殊群体，其专业素养要求在横向上与普通教育师资相比有鲜明的特点，在纵向上与其他职业教育师资比较也有不同的业务侧重点和专业标准。职业院校卓越教师不仅对外部而言有着横向上与纵向上的鲜明特色，就其内部而言也同样存在着整体上和个体上的不同特点：

（1）职业院校卓越教师整体专业素养的特点。

作为卓越教师，必须具有与时代精神相通的现代职业教育理念、复合型知识结构以及卓越高效的能力素质结构。

首先，职业院校卓越教师要形成与时代精神相通的职业教育的教育理念，即现代职业教育的教育观、学生观和教育活动观，这是职教师资专业行为的基本理念支点。现代职业教育的教育观主要包括创业教育观、开放教育观、创新教育观、终身教育观……

①创业教育观。创业教育是职教卓越教师必须具备的基本观点。通过创业教育树立学生正确的择业观和竞争择业意识，通过就业指导使学生了解社会，了解职业要求和职业性质，结合就业形势，做到正确认识自己，正确认识现实，正确评估职业未来走向。充分考虑个人理想和社会现实，个人愿望、兴趣和经济收入，长远利益与短期收益。在开展创业教育的同时，学校应该积极帮助和扶持毕业生自谋职业，例如建立基金提供贷款，介绍项目提供技术支持，介绍市场预期等都是可行的方法。由此可见，只有教师具有创业教育观才能教育学生树立正确的创业活动观。

[1] 蔡柏良. 普通教育与职业技术教育的比较分析 [J]. 盐城师范学院学报（人文社会科学版），2003（1）：116.

②开放教育观。开放性是市场经济的重要特征，也是当代国际经济的一种发展趋势，职业技术教育的任务是培养市场经济中具有胜任职业岗位、符合社会需要的人才。因此，在市场经济条件下，职业技术教育只有面向市场、走向市场、适应市场，才能适应经济和社会的发展需要。职业教育的特点决定了职业院校教师必须具有开放教育的意识，面向社会、市场培养所需要的人才。同时作为职业院校教师应加强国内、国际相互交流与合作，沟通学习，相互取长补短才能共同提高。诚如《学会生存》一书指出教育的“另一种合作方式是给教师提供到别国去工作的机会。教师可以到外国进行一些跟上时代的高深研究，从事某项特定的研究项目或钻研某种专门的学科。这种方式可以充实教师的训练，提高他们的能力。”

③创新教育观。创新是实施素质教育的根本宗旨，引导学生逐步养成创新意识，以培养他们创新能力为基本立足点，使他们在未来职业发展过程中，都能掌握一把开启未来知识大门的钥匙。21 世纪是创新的世纪，职业院校教师要成为创新型的教师，应善于吸收最新教育科研成果，将其运用于教学中，并且有独特的见解，能够发现行之有效的新教学方法，还应具有创新能力，强烈的求知欲，能创立宽松和谐的学习氛围，能与学生共同学习、研讨，在不断提高自身能力的同时也提高学生的学习能力。

④终身教育观。职业院校教师既要重视已就业者的在职培训，又要重视各职业生涯各阶段的继续学习，其总的精神是终身教育。职业院校教师与普教教师的一个重要区别就是职业院校教师不仅要重视在校生教育，同时也要重视面向在职培训，面向终身教育。他们视野所及“不仅要看到在校的学生，还要看到已就业的毕业生，要看到广大的在职人员，施以在职培训，助其择业、就业，也还要面对老龄社会的庞大的老年人群，施以现代生活的生活教育。”联合国教科文组织（UNESCO）在 21 世纪第一个 10 年的技术和职业教育计划中指出：“TVET 是通向未来的桥梁，但是必须有由 TVET 导向就业的道路，否则我们就是在制造新问题”，为此，将“促成技术和职业教育（TVE）作为终身教育的一个有机组成部分”。职业技术教育是实现全民教育、终身教育的一部分，因此，作为卓越教师应该树立终身教育观，以便指导其行动。

⑤职业技术教育的学生观。认为职业院校的教师必须具有良好的职业道德。职业技术教育除了培养学生的技术应用能力外，同时也应培养学生良好的职业素养和伦理素质。而职业素质的培养并非一朝一夕之功，这就要求教师在教学活动中要用自己的一言一行引导学生。因此，教师自己须为人师表，表现出良好的职业素质和修养。在教学过程中，教师不仅传授专业知识，还应该加强对学生思想道德品质的教育，培养学生热爱祖国、尊敬师长、团结同学、热爱劳动的优良品质，为他们将来以良好的精神面貌踏入社会作好准备。

⑥教育活动观。主张职业院校的教学工作主要包括理论知识传授和操作技能培养两部分。职业院校的人才培养目标，确定了操作技能培养在职业学校教育教学工作中的核心地位。因此，职业院校卓越教师在教育教学活动中应注重学生操作技能的培养，处理好操作技能和理论知识传授的关系，在专业理论教学活动中要突出应用性，教学形式要突出实践性。

其次，职业院校卓越教师的知识结构应是多层次复合型的，突出科学精神与人文精神，技能定向性与适应性，知识基础性与应用性的统一。具体而言包括三个层面：一是相关的当代科学、人文等方面的基本知识。当今世界，科学技术突飞猛进，知识经济日新月异，综合国力的竞争日趋激烈，国家综合实力越来越体现在国民素质的高低和创新人才的数量和质量上，越来越体现在一个国家的创新能力上，而人文素养和科学素质的耦合，则成为人才培养的关键，只有培养出高素养的卓越教师才能培养出高素质的学生。职业院校卓越教师应具备相当丰富的科学知识和人文知识，具备卓越的人文素养和科学素质，并实现二者的融合，从而提高创新能力。二是掌握两门以上学科的专业知识与专业技能。职教师资知识结构中经验性知识和实践动手能力应占重要地位。近年来，为适应新技术在生产工艺流程和生产岗位上引起的震动和变迁，职业技术教育教学改革的新趋势更是加“宽”、改“浅”、出“新”，基础课程的设置已突破传统意义的内涵，改变了本科教育内容偏窄、偏专、偏深的倾向，把教学的稳定性和先进性有机地结合起来，把知识的广度和深度很好地结合起来，把基础理论传授和基本能力培养和素质培养相融合。因此，作为职业院校卓越教师在对本专业知识和技能充分了解和运用自如的基础上，应随时关注本专业领域的前沿信息及发展动向。三是具备开展职业技术教育研究工作的教育学知识。教育科研能力是提高教学质量和教师学术水平的需要，是由经验型向学者型教师转化的必由之路，它能够使教师逐渐进入一种新角色，同时也能提高教师的业务能力。而从事教育科研活动，就必须掌握职业教育活动的基本规律，具备职业教育学的基本知识，为此，职业院校卓越教师必须学习钻研教育理论课、教育基本技能课、教学实践课。教育理论课包括职业教育学、心理学、教材教法等。教师基本技能课包括教态、板书、普通话达标以及电化教育技术等方向的训练。教学实践课包括教学实习、教学实践等，是教育能力课模块中的重要部分。

最后，职业院校卓越教师必须具备卓越、高效的工作能力，主要为实践教学组织能力和职业教育的研究能力。加强实践性教学是职业技术教育的重要环节，要求教师实践性地教，学生实践性地学。教师作为教学活动的组织者和领导者，其教法不仅关系到教学任务的完成，而且直接影响到学生的学习方法，学生各种技能的培养和提高。专业技术教师的实践能力尤为重要，教师的实践能力强、动手操作流程顺畅，学生的实践能力也相应提高。因此，职业技术教育注重实践教学的特点要求教师应通晓实习、实验、实训等实践性教学环节，具备很强的实践教学组织能力。职业教育的研究能力是教师追求卓越、走向卓越、成为卓越的职教师资的一种专业生活的方式，指结合教学实践，研究职业教育规律，不断改进教学，探索新教学模式的能力。

（2）卓越教师除具备职业院校教师整体专业素养外，其作为个体在专业素养上因执教课程、教育对象和就职单位的不同，应各具特色。

职业院校的课程总体上分为三类，即基础理论课、专业理论课和职业实践课。与此相适应，教师也有三类，讲授不同课程的教师在专业素养上的要求也不同。基础理论课，包括文化基础课和专业基础课，其内容以满足专业课程的需要和符合职业技术人才的长远发展和继续深造的课程标准为度，以掌握、强化、应用为教学重点。因此，职业学校的基础理论课教师与普通学校基础理论课教师无实质性区别，只是在教学方法上要更注重于理论与实际的联系，对于这类教师，特别是文化基础课教师的任职要求，不必硬性规定其具有“双师”标准。专业理论课的教学以“必需、够用”为原则，以充分满足专业所面向的职业或职业群的实际需要为度，要求教师教学具有较强的针对性和实用性，能传授实际知识和经验。对职业院校卓越教师专业理论知识的修养，有两点核心要求，即对专业理论知识的整体构建和发展趋势有相当清晰的认识和广泛的了解。以面向生产、管理、服务第一线培养技术应用型人才的教育为目的，以充分满足专业所面向的职业或职业群的实际需要为度，在实际教学中对专业理论知识进行有针对性和实用性的裁剪、筛选和再加工，向学生传授走向工作岗位后必须具备的专业理论知识。因此，这类课程偏重于实际知识和经验的传授，其教师应是既懂理论又懂实际的“双师型”教师。职业实践课是以形成职业技能为目标，教师的教学重点应着重于学生智业技能和创造技能的培养。所以，职业院校卓越教师首先应当掌握与所授理论课程相当的专门职业技能。其次，应着力在实践工作中培养获得工作经验和工作阅历的能力和自觉性，即卓越教师的知识结构中应有卓越的经验性知识和实践工作经历，例如电子工程类专业的教师要有电子技术、电工技术等方面的专业技能和工作经验。

近年来，新技术、新工艺大量运用于生产工艺流程和生产岗位，在专门的职业技能上引发了突破性的革新和革命，作为职业院校卓越教师应高度关注本专业领域的前沿信息和走势，及时学习和掌握各种在实际操作中应用的新技术、新工艺、新方法。因此，对于职业实践课教师的要求也应该是“双师型”教师。此外，不同课程因其涉及的专业领域不同，要求从业师资具备与其专业相符的专业技能和能力。

三、职业院校卓越教师专业标准

职业院校卓越教师标准是指为了能够对职业院校卓越教师进行合理的管理，根据职业院校教育卓越教师的特性，为使职业院校卓越教师职业获得最佳的活动效率，对教师在本专业领域内重复出现的活动进行综合性的规定，以经济技术、教育科学和实践经验的成果为基础，对教师职业活动中应具备的卓越的职业素养进行综合性规范，并将其作为用来衡量卓越教师的准则和依据。简单来说，职业院校卓越教师标准就是针对职业院校卓越教师职业素养的内容框架——职业素养所包含的能力领域的综合性规范，所以这里的重点就是确定职业院校卓越教师能力领域，并分析找出针对能力领域的具体的规范，以能力领域的衡量依据——能力指标来表现针对能力领域的具体规范的。职业院校卓越教师标准，是对职业院校卓越教师职业内涵和特征的明确体现。职业院校卓越教师标准是一种质量标准，同时是一种判定标准。[1]

[1] 田雨．高等职业院校专业教师通用标准的研究 [D]．江西师范科技大学，2014.

（一）构建卓越教师专业标准的理念

理念是指人们对某事（物）的理性认识，所形成的看法、思想以及思维活动与家庭和社会建立良好的合作伙伴关系。在澳大利亚教师专业标准中，明确规定联系与沟通等。教师是学生职业生涯的指导者，是学生健康成长的引路人。教师应热爱教育事业，要有乐于奉献的精神，为人师表，以自己的职业魅力、人格魅力和学识魅力，通过日常教学工作，潜移默化地影响学生。

1. 注重教师的实践能力

教师的实践能力包括教学实践能力、育人能力、教学管理能力、教师的科研能力。在美国 CTE（生涯与技术教育）教师专业标准中，特别重视和强调教师应热爱教育事业、乐于奉献、积极学习、尊重学生与家长、重视与家庭的实践能力，标准中明确指出教师应与企业、行业、同事、教育培训机构、社区、家庭建立合作关系，共建学习共同体，以促进学生的发展。此外，还强调教师的反思教学能力。在澳大利亚，职业教育教师除了具备专业知识技能之外，还应有运用现代教育技术教学的能力、技能评估和鉴定的能力、教育教学能力，尤其强调国际教育的能力，进行网络教学、远程教育的能力，教师持续发展的能力等。在教育教学过程中，把专业知识理论与实践技能相结合，凸显职业教育的特点，区别普通院校教师的专业能力标准，提升教学专业化水平，不断提高卓越教师职业能力。

2. 强调教师具备深厚而广博的知识

作为职业院校的卓越教师，到底应该具备哪些知识才能称为卓越的教师？才能胜任教学工作？才能满足学生的需求？在美澳两国的教师标准中，都做了详细的阐述。在美国，职教教师拥有的知识和技能被分为三类：职业场所应必备的知识、应用性的技能；一般性的行业知识；跨学科的综合性知识。作为一名合格的职业教师，应具备深厚而广博的知识，既要拥有丰富的专业知识，又要对哲学、社会学、自然科学、人文科学等方面的知识具有一定的了解。学习职业教育专业知识与技能，关注国内外职业教育的先进理念，加强与行业企业的密切联系，不断地更新技术，优化知识结构和能力结构，不断地提升教师的文化素养和职业素养。

3. 注重教师的实践能力

教师的实践能力包括教学实践能力、育人能力、教学管理能力、教师的科研能力。在美国 CTE 教师专业标准中，特别重视和强调教师的实践能力，标准中明确指出教师应与企业、行业、同事、教育培训机构、社区、家庭建立合作关系，共建学习共同体，以促进学生的发展。此外，还强调教师的反思教学能力。在澳大利亚，职业教育教师除了具备专业知识技能之外，还应有运用现代教育技术教学的能力、技能评估和鉴定的能力、教育教学能力，尤其强调国际教育的能力，进行网络教学、远程教育的能力，教师持续发展的能力等。在教育教学过程中，把专业知识理论与实践技能相结合，凸显职业教育的特点，区别普通职业院校教师的专业能力标准，提升教学专业化水平，不断提高卓越教师职业能力。

4. 强调教师具备深厚而广博的知识

作为职业院校的卓越教师，到底应该具备哪些知识才能称为合格的教师？才能胜任教学工作？才能满足学生的需求？在美澳两国的教师标准中，都做了详细的阐述。在美国，职教教师拥有的知识和技能被分为三类：职业场所应必备的知识、应用性的技能；一般性的行业知识；跨学科的综合性知识。本书认为，作为一名合格的职业教师，应具备深厚而广博的知识，既要拥有丰富的专业知识，又要对哲学、社会学、自然科学、人文科学等方面的知识具有一定的了解。学习职业教育专业知识与技能，关注国内外职业教育的先进理念，加强与行业企业的密切联系，不断地更新技术，优化知识结构和能力结构，不断地提升教师的文化素养和职业素养。

（二）构建卓越教师专业标准的原则

原则是看待问题和处理问题的准则。教师通用标准是评价教师质量的依据和准则。标准的制定应遵循一定的原则，如果没有了原则的指导，标准的科学性将会令人置疑。在建构职业院校卓越教师通用标准时，应遵循以下几点原则：

1. 通用性原则

所谓通用性原则是指标准具有普遍指导意义。本研究为职业院校卓越教师通用标准，明确标准应对职业院校的卓越教师具有一定的指导意义，不论学科，教师所处的层次水平，所在的区域，都应该符合标准的相关要求。

2. 可操作性原则

标准与教师教育的日常工作相结合，为了便于教师实际工作的运用，标准应具备很强的可操作性。该原则要求在研发标准时应注意和了解教师专业发展的需求和所遇到的现实困难，切实根据他们的日常工作，制定出详细、具体、操作性强的标准。使标准的各项内容便于运用到实践中去。标准分不同的维度，每一维度下分几个能力领域，每个能力领域下又有具体的能力指标。标准的陈述用语应简洁明了，能力指标可观察可测量。

3. 针对性原则

这里所讲的针对性原则，与通用性原则并不冲突。针对性原则是指国际视野与本土实际相结合，有针对性地借鉴发达国家经验，提出适合我国经济水平、政治体制、文化传统、地理环境的职业院校卓越教师通用标准。在推进职教改革创新的过程中，我们应充分地学习国外先进经验，并努力使其中国化，形成符合我国国情的职教教师教育理论体系和培训模式机制，而不是一味地照搬照抄。

4. 发展性原则

作为职业教育的卓越教师，应及时更新专业知识和技能，努力提高专业素质和实践能力，以适应社会经济发展的迫切需要。因此，职业院校卓越教师通用专业标准制定一定要符合发展性原则。职业院校卓越教师的发展不是一蹴而就的，更不是一成不变的。它要求教师通过不懈地努力，不断地积累教学经验，才能逐步实现。在标准的研发中一定要遵循发展性原则，用发展的眼光去看待教师专业发展。标准应反映职业教育教师专业能力发展的动态性和可能性。

（三）卓越教师专业标准的基本结构

借鉴国外职业教育教师标准的结构和理念，围绕职业教育教师工作的核心职责，结合专业教师教学特殊要求和教学的基本要求，探索职业院校专业教师通用标准的基本框架。该框架反映前几章的研究成果，对标准的制定进行初步探索。标准由品质素养、知识素养、能力素养三个基维度组成。[1]（表 2-2）

表 2-2 职业院校卓越教师专业标准的基本结构

职业院校卓越教师专业标准的基本结构	品质素养	对学生的态度	应关心和爱护每一位学生，尊重与信任学生，学会去激励学生，促进学生全面发展
		教育教学态度	具有为教育事业奉献的精神，能够做到爱岗敬业、以身作则、作风正派、为人师表、积极实践、勇于创新。教师还要有爱心、细心、责任心、耐心，要乐观向上、平易近人，去影响和感染学生。教师应衣着得体、语言规范、举止文明
		职业道德教育	教师应具有高尚的道德情操、独特的人格魅力。遵守教育和职教方面的法律法规、职业道德以及相关行业规定，并且能够把这些融入课堂，对学生进行道德思想和法律法规教育
	知识素养	教育学和心理学知识	熟悉职业学校学生身心发展的规律，关注学生发展的个别差异。了解学生人生观、价值观、世界观形成的过程及其教育方法，了解对学生进行管理的方式方法
		学科理论知识	教师要掌握与所教专业相关的理论知识和技能，了解与本学科相关的其他学科的知识和技能，能够将本专业的新技术、新知识、新方法、新工艺等内容及时融入到教学中的意识与能力
		专业实践知识	教师应掌握与所教专业相关的工具知识以及丰富的实践知识
		职业领域知识	教师应了解所在区域的经济发展情况、行业趋势、劳动力需求等情况，了解所教专业的职业群
		通识性知识	教师要了解和掌握公共安全知识、与专业相对应的工作岗位的相关法律法规，熟悉相关的自然科学和社会科学的知识，具有运用现代化教育技术的知识和能力
	能力素养	教学设计能力	要求教师能够设计与开发课程，并依据标准制定出教学目标和教学计划，对教学资源进行分析管理，还能够设计和开发教学材料，依据教学计划确定出所教授的内容，进行编写教学材料

[1] 田雨 . 高等职业院校专业教师通用标准的研究 [D]. 江西师范科技大学，2014.

续表

职业院校卓越教师专业标准的基本结构	能力素养	教学组织与实施能力	要求教师能有效地组织教育教学活动，要关注每位学生的学习，能够激发学生学习的积极性和主动性，如有问题能够及时进行调整，把培养学生的发展能力融入到教学活动中，能够运用现代教育技术进行教学
		情境创造能力	教师能够有效地管理课堂，并能营造一个培养民主价值观、富有挑战性的、热爱学习的环境。通过情境化的学习活动、实验和模拟的工作环境，使学生的知识、技能、自信心都得到发展
		反思教学能力	教师应定期分析评价自己的教学活动，将教学反思指导教学工作，提高教学效果，通过终身学习以提升教学质量
		技能评估与鉴定能力	教师根据能力本位课程的要求，对技能进行评估和鉴定，选择适应的鉴定方法，确定鉴定程度，开发鉴定工具，对技能实施鉴定，评估鉴定过程，记录鉴定评估的结果，根据结果进一步修订评估方案
		实践创新能力	教师运用知识和技能将新的学习或研究整合到教学中，将本领域的发展信息融合到教学中，具有能够运用反馈和质量保障结果改进和创新教学运行和活动的能力
		行业合作能力	要求教师要分析行业需求信息，明确行业培训需求，制订行业联系的计划，联系相关行业组织和机构，建立行业联络网，关注和参与行业企业的培训
		教学研究能力	教师及时了解国内外职业技术教育研究的新情况，从事教学改革研究，能够为教学改革提供建设性意见，撰写教学改革学术论文
		组织管理能力	教师能够组织指导学生参加教学活动，有效管理学生在职业场所进行实验，关心学生身心健康，帮助学生形成良好的行为习惯
		教师专业发展能力	要求教师掌握不断更新的企业行业信息，掌握他们所需的知识和技能，能够制定出个人专业发展的规划，要有终身学习的能力，不断地参加长久的教育活动
		沟通与交流能力	教师要与学生、家长、同事、其他培训组织和机构建立良好的合作关系，为全面促进学生的学习和身心健康发展而努力
		就业指导与创业能力	教师要收集整理就业信息，指导学生正确择业，激发学生创业意识，积极引导学生选择创业方向

职业院校卓越教师专业标准体现了作为一名卓越的职业院校教师在职业活动中应具备的职业素养方面的基本要求。在本标准中将卓越教师职业素养分为三个基本维度，即品质素养、知识素养、能力素养，在三个职业素养方面包含诸多不同的能力领域，能力领域由

不同的能力单元组成，而每个能力单元均由相关的能力指标来体现，如表 2-3 所示。

表 2-3 职业院校卓越教师专业标准指标体系

一级指标	二级指标	三级指标
品质素养	对学生的态度	1. 教师应关心和爱护每一位学生，尊重与信任学生，公平对待学生，严格要求学生 2. 激发学生潜能的发挥，调动学生学习的主动性和积极性 3. 积极为学生创造发展的机会和条件 4. 促进学生全面发展和身心健康发展 5. 保护学生的安全
品质素养	教育教学态度	1. 教师要忠诚于教育事业，具有为教育事业奉献的精神 2. 做到爱岗敬业、以身作则、作风正派、为人师表、积极实践、勇于创新 3. 要有爱心、细心、责任心、耐心 4. 乐观向上、平易近人，去影响和感染学生 5. 教师应衣着得体，语言规范，举止文明 6. 引导学生养成良好的职业习惯，培养学生自主学习的学习习惯 7. 树立以人为本、师德为先、实践能力为重的教学理念
	职业道德教育	1. 遵守教育和职业教育的相关政策、法律法规，遵守职业道德，遵守相关行业的规章制度 2. 明确教师的角色任务与职责所在 3. 查阅相关法律法规、政策文件、规章制度 4. 对学生进行法律法规和职业道德规范教育 5. 指导学生遵守职业道德，对学生的品质表现进行评价
知识素养	教育学和心理学知识	1. 掌握一系列教学和行为管理策略的知识 2. 遵循职业教育规律、技术人才成长规律、学生身心发展规律 3. 熟悉职业院校学生身心发展规律 4. 了解学生人生观、价值观、世界观形成的过程及其教育方法 5. 了解对学生进行管理的方式方法，理解与学生行业相关的知识，如个性和兴趣、能力差异性、学习动机、对问题的处理方式 6. 了解学生的不同教育阶段，了解学生从学校到职场过渡阶段的心理特点和学习特点，并掌握相应的教育方法
	学科理论知识	1. 具备深厚而广博的专业学科基础理论知识 2. 对与专业相关的其他学科知识有一定了解 3. 掌握所教学科的知识理论体系和课程标准 4. 掌握所教学科的教学方法和策略 5. 通过教学实践对专业基础的理论知识有具体了解与认识 6. 对与专业学科相关的其他专业理论知识有深刻而广泛的了解，并具备选择能力
	专业实践知识	1. 了解专业中所涉及的工具、机器、设备、软件等的使用知识 2. 了解加工技术、制图技术、操作安全等知识 3. 能够进行基本的设计、加工、检测、故障排查、维护 4. 能够进行普通设备安装、调试、维护和故障排除

续表

一级指标	二级指标	三级指标
知识素养	职业领域知识	1. 教师应了解所在区域的经济发展情况、行业趋势、劳动力需求等情况 2. 了解所教专业的职业、工作岗位设置以及工作流程 3. 了解专业所涉及的职业资格与标准 4. 掌握专业的知识体系与基本规律 5. 了解专业所对应的岗位信息、行业发展与需求 6. 了解专业所涉及的工作的最新工作流程，融入实际教学中 7. 了解劳动力市场最新的专业对应岗位信息，并结合实际教学 8. 具备本领域较为广泛的工作阅历或职业经历，积累丰富的实践经验，有效地指导学生
	通识性知识	1. 了解和掌握公共安全知识 2. 熟悉与专业相对应的工作岗位的相关法律法规 3. 掌握相关的自然科学和社会科学的知识 4. 具有运用现代化教育技术的知识和能力 5. 具有较强的口头表达能力、文字表达能力、态势言语表达能力
能力素养	教学设计能力	1. 选择教学内容，设计教学方法 2. 解读能力标准 3. 完成对教学计划的设计 4. 根据能力标准制订教学计划 5. 确认教学资源 6. 收集分析行业需求信息 7. 参与开发、修订标准 8. 参与校本课程开发
	教学组织与实施能力	1. 选择实践教学所需的材料、设备、技术、工具 2. 制定课程目标、编写教案 3. 关注每一位学生的课堂表现 4. 有效利用现代教育技术开展教学活动 5. 运用教学资源和实训场所 6. 选择、运用多种现代技术开展教学活动
	情境创造能力	1. 营造良好的学习氛围，培养学生的学习兴趣、职业兴趣和自信心 2. 营造敢于创新、勇于探索、积极实践的环境，培养学生的动手能力和创新意识 3. 基于职业岗位设计教学过程和教学情境 4. 设计情境化的学习活动、实验和模拟工作环境
	反思教学能力	1. 通过多渠道系统评估教学 2. 教师应进行反思性教学 3. 教师应在学习和自我检查中不断地完善教学实践 4. 养成写教学反思的习惯

续表

一级指标	二级指标	三级指标
能力素养	技能评估与鉴定能力	1. 确定鉴定的目的、内容、方法、时间 2. 选择鉴定工具 3. 实施鉴定 4. 写出评估的结果 5. 制定评估与鉴定的标准 6. 设计鉴定的步骤 7. 开发鉴定工具 8. 根据评估结果改进教学方法
	实践创新能力	1. 能够合理运用专业知识和技能 2. 能将新的学习或研究融入到教学中 3. 定期到生产一线参观，了解专业领域知识和技能的更新 4. 能将本专业领域的发展情况转化为教学材料，融入到教学中 5. 运用反馈和质量保障结果改进学校运行机制 6. 了解如何将国际观点融入到课程和教学中 7. 正确分析和评价该专业领域的职业发展趋势和工作过程
	行业合作能力	1. 拟定行业实践计划，调查、收集相关行业需求信息 2. 在教学中融入相关行业岗位知识和技术要求 3. 掌握与专业相关工具的基本操作流程 4. 建立行业联系网 5. 具有处理和解决企业实际问题的能力 6. 分析需求信息，提出课程改革的建议 7. 开展行业培训服务
	科研能力	1. 教师积极主持、参与产学研项目研究 2. 开发与企业相结合的横向技术应用项目 3. 结合研究方向、教学改革，承担科研项目 4. 撰写发表教研和科研的学术论文 5. 申请科学、技术相关方面的发明专利、实用新型技术专利等
	组织管理能力	1. 明确职业院校主要教学文件，并具有严格执行的意识和能力 2. 明确职业院校主要教学资料，并具有严格执行的意识和能力 3. 自觉遵守学校的质量标准和工作规范 4. 确定校内外教学活动的内容和目标，制订符合学生个性的管理措施 5. 实施班级目标管理、学生行为管理 6. 妥善应对突发事件
	教师专业发展能力	1. 确认自我专业发展的目标和任务 2. 提出达到目标所应采取的措施 3. 积极参加行业培训，获得相关技术资格证书 4. 制定个人职业生涯的发展计划 5. 参与继续教育和培训

续表

一级指标	二级指标	三级指标
能力素养	沟通与交流能力	1. 与学生进行平等的交流和沟通，建立良好的师生关系 2. 与同事合作交流，分享经验，共同进步 3. 与社区机构建立良好的合作关系，互利互助，促进校企合作 4. 积极参与团队的各种活动，如参与校本课程开发、教学改革、教学研究 5. 与团队成员共享掌握的教学信息和资源 6. 能与团队成员协调解决工作中的矛盾
	就业指导与创业能力	1. 向学生介绍学科专业的就业前景 2. 帮助学生做出选择职业的决定 3. 教授学生择业技能 4. 激发学生的创业意识 5. 提供产业发展趋势信息，引导学生选择创业方向

大力发展职业教育是学校、企业界乃至社会的共同责任。建构职业院校卓越教师专业标准顺应教师教育改革潮流，促进师资队伍专业发展，符合当代对教师专业素养的要求，但是如何保障这一标准的顺利进行？这是一个系统的工程，需要法律、政策、经济、制度等方面予以支持。通过制定和完善相关法律法规，制定导向性政策，加大资金投入与扶持力度，建立健全职业院校资格认证制度，积极引导企业行业参与教师教育与培训，这样才能形成尊重职业教育、重视职教教师的社会土壤，从而推动职业教育事业的蓬勃发展。

四、职业院校卓越教师成长规律

（一）国外关于教师成长阶段的研究

20 世纪 60 年代末，美国得克萨斯大学的富勒（Fuller）是最早的教师专业发展阶段的研究者，他以教师关注事物在其成长中的更迭为研究对象，采用问卷调查研究形式，提出了职前教师专业发展阶段理论，他认为职前教师的专业发展要经历“执教之前关注阶段（pre-teaching concerns）、早期关注求生阶段（early concerns about survival）、关注教学情景阶段（teaching situational concerns）和关注学生阶段（concerns about pupils）”四个发展阶段。[1]

70 年代，美国学者卡茨（Katz）采用访谈和问卷调查形式，以学前教师为研究对象，提出教师专业发展的四阶段理论，她认为教师的专业发展可能经历“求生存阶段（survival）、巩固阶段（consolidation）、更新阶段（renewal）和成熟阶段（maturity）”四个发展阶段。[2]美国俄亥俄州立大学以伯顿（Burden）为首的一批学者对处在不同生涯发展阶段的教师进行了大样本、严密有序的访谈，提出教师生涯循环发展理论，他们把教师专业发展划分为“生存阶段（survival stage）、调整阶段（adjustment stage）和成熟阶段（mature stage）三个

[1] 教育部师范教育司．教师专业化的理论与实践 [M]. 北京：人民教育出版社，2003.

[2] 肖丽萍．国内外教师专业发展的研究评述 [J]. 中国教育学刊，2002（5）.

阶段。[1]

进入 80 年代，美国约翰霍普金斯大学的费斯勒（Fessler）从生命的自然老化过程和周期的角度研究教师专业发展的过程，对处在不同生涯发展阶段的教师观察、访谈、调查，结合成人发展和人类生命发展阶段等研究的文献分析，提出整体、动态的教师生涯循环理论。他认为教师专业发展要经历“职前阶段（pre-service）、入职阶段（introduction）、能力形成阶段（competency building）、热心和成长阶段（enthusiastic and growing）、职业 / 生涯挫折阶段（career frustration）、稳定和停滞阶段（stable and stagnant）、生涯低落阶段（career wind down）、生涯退出阶段（career exit）”[2]八个阶段。休伯曼（Huberman，总结前人研究成果，也从教师职业生命的自然老化的视角提出教师职业发展五阶段理论（求生与发现期、稳定期、尝新与自疑期、宁和与积守期、游离闲散期）。[3]司德菲（Steffy）也采用观察、访谈、调查的方法，在费斯勒等人的研究成果基础上，提出教师生涯的人文发展模式。他把教师的专业发展划分为五个阶段（预备生涯阶段、专家生涯阶段、退缩生涯阶段、更新生涯阶段、退出生涯阶段）[4]，着重探讨了教师进入成熟期以后有可能出现的低落、停滞、重新进入发展阶段的问题。美国亚利桑那州立大学心理学教授伯林纳（Berliner）根据教师“教学专业知识与技能的学习和掌握情况”[5]较为细致地把教师专业发展划分为“新手阶段、进步的新手阶段、胜任阶段、熟练阶段和专家阶段”[6]五个阶段。本纳（Benner）则提出教学专长发展阶段理论，他认为教师从新手发展成为专家，一般要经过“新手（novice）、高级新手（advanced beginner）、胜任者（competent）、精熟者（proficient）和专家（expert）”[7]五个阶段，本纳的划分与伯林纳不谋而合，但两者对处于不同教学专长发展阶段的教师教学行为等描述上差异很大。

（二）国内关于教师成长阶段的研究

我国对教师专业发展阶段的研究始于二十世纪八九十年代，林崇德、申继亮等从认知心理学角度对教师素质结构的研究成果和叶澜等从教育学、伦理学研究视角出发构建的教师专业化理论框架，为我国教师专业发展阶段的研究奠定了理论基础。白益民以“教师自我专业发展意识”为指标，采用思辨的研究方法，把教师专业发展过程划分为“非关注、虚拟关注、生存关注、任务关注、自我更新关注”[8]五个阶段，对教师专业发展阶段做出了明确界定。钟祖荣从教师素质和工作业绩的角度出发，把教师专业发展过程划分为“准备期、适应期、发展期和创造期”[9]四个阶段，四阶段的终点分别对应新任教师、合格教师、骨干教师和专家教师（学科带头人、卓越教师等）。邵宝祥等采用问卷调查和个案研究的方法，

[1]、[4] 张维仪 . 教师教育——改革与发展热点问题透视 [J]. 南京师范大学出版社，2000.
[2]、[8] 肖丽萍 . 国内外教师专业发展的研究评述 [J]. 中国教育学刊，2002（5）.
[3]、[7] 王建军 . 课程变革与教师专业发展 [M]. 四川教育出版社，2004.
[5] 李斌 . 国内外教师专业发展过程研究述评 [J]. 江苏教育学院学报（社会科学版），2003（4）.
[6] 申继亮，王凯荣，李琼 . 教师职业及其发展 [J]. 中小学教师培训，2003（3）.
[9] 邵宝祥，王金保 . 中小学教师继续教育基本模式的理论与实践（上）[M]. 北京教育出版社，1999.

从教师的教学能力出发，把教师专业发展过程划分为“适应阶段、成长阶段、称职阶段和成熟阶段”四个阶段[1]。罗琴和廖诗艳“以教师群体专业发展为假设，以职业成熟度为标准，把教师专业发展过程划分为适应期、发展期、成熟期和持续发展期四个阶段”。该研究涉及教师专业发展阶段的时间界定、专业发展需要、教学关注和教学行为特征等几个重要方面，其中对各阶段的教师专业发展需求的研究最为细致。该研究还“根据各阶段不同的教学需要和特点，论述了教师专业发展各阶段教学反思的内容和策略”[2]。傅树京归纳总结了富勒和伯顿对不同发展阶段的教师关注，并在此基础上按照适应期、探索期、建立期、成熟期、平和期五个阶段，全面描述不同专业发展阶段的教师能力和教师需要。[3]教师专业发展阶段在我国台湾地区的研究十分活跃，最著名的是王秋绒按照教师专业社会化的过程与内涵提出的三阶段理论。他把教师发展分成三个阶段，每个阶段又分为三个时期，即“职前师资培育阶段（探索适应期、稳定成长期和成熟发展期），实习教师阶段（蜜月期、危机期和动荡期）和合格教师阶段（新生期、平淡期和厌倦期）。”[4]其他研究成果还有：针对教师整个发展经历进行的八阶段划分（高强华）、六阶段划分（曾国鸿）和五阶段划分（曾惠敏）；针对在职教师的职业经历进行的四阶段划分（金树人）、五阶段划分（蔡培村）、四阶段划分（蔡碧琏）。限于篇幅，具体教师专业发展阶段名称不一一列举。

（三）教师的专长发展的五个阶段

通过整理现有国内外研究教师成长及发展阶段研究，本研究认为，教师的专长发展阶段可以划分为五个阶段（如图 2-1）：新手水平（新手教师）、高级新手水平（熟练教师）、胜任水平（成熟教师）、熟练水平（优秀教师）和专家水平（卓越教师）。[5]

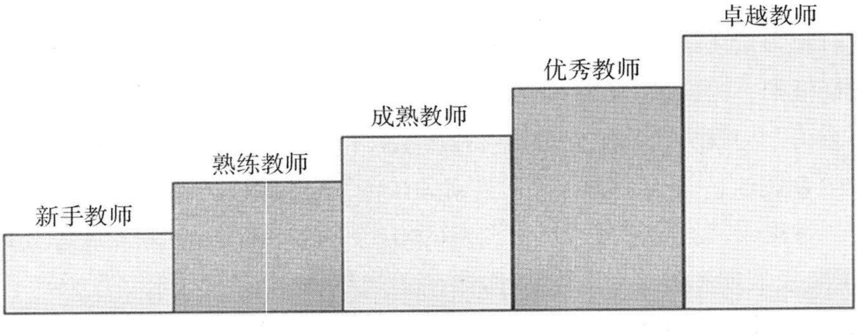

图 2-1　卓越教师专业发展阶段图

第一阶段：新手水平。新手教师刚进入工作状态，开始逐渐熟悉工作环境，只有基础

---

[1] 邵宝祥，王金保．中小学教师继续教育基本模式的理论与实践（上）[M]. 北京教育出版社，1999.

[2] 罗琴，廖诗艳．教师专业发展的阶段性：教学反思角度 [J]. 现代教育科学，2002（2）.

[3] 傅树京．构建与教师专业发展阶段相适应的培训模式 [J]. 教育理论与实践，2003（6）.

[4] 饶见维．教师专业发展——理论与实务 [M]. 台北：五南图书出版有限公司，1996.

[5] 叶京．基于卓越教师的专长构成与专长发展阶段探析 [J]. 中国成人教育，2017（19）：148-151.

的专业知识，没有足够的教学经验，遇到问题时需要向他人寻求帮助或指导。

第二阶段：高级新手水平。熟练教师通过在新手期间的工作经历，学习掌握了最基础的教学知识和教学经验，并初步懂得如何将理论与实践相结合，能够在他人的指导下解决问题，但无法把握工作的核心环节，不能独立承担任务。相当于 Dreyfus & Dreyfus（1986）的五阶段中第一阶段新手（Novice）和第二阶段高级初学者（Advanced Beginner）。Glaser（1996）指出，在专长获得初期，属于外部支持阶段（external support），会更多依赖来自外部环境的支持。例如：通过家中的父母或者学校里的教师的帮助获得知识，通过模仿他人的行为模式获取经验，通过在不熟悉的环境中做出类比获取解决问题的能力。

第三阶段：胜任水平。成熟教师通过全面系统的教学知识学习，能够独自处理教学突发情况，降低了对他人的依赖，找到适合自己的解决问题方式，并有较强的自我认知和自我管理能力，偶尔有深刻的失败体验。

第四阶段：熟练水平。优秀教师对教学工作已游刃有余，遇到且能处理很多复杂的问题，同时具有大量的知识体系，能够从丰富经验中识别问题所在，快速抽取信息并作出准确判断，行为接近自动化程度。相当于 Dreyfus & Dreyfus（1986）的五阶段中第三阶段胜任（Competent）和第四阶段精通（Proficient）。Glaser（1996）指出，专长获得的中期属于转化阶段（transition），通过增强练习强度来辨别高水平行为的标准。

第五阶段：专家水平。卓越教师的职业专长已得到充分的发展，积累了丰富的知识和经验，教学行为达到自动化程度，对工作情境的观察与判断无须经过仔细分析和思考，属于直觉性，凭借经验便能快速准确地发现解决问题的合适方法。相当于 Dreyfus & Dreyfus（1986）的五阶段中第五阶段专家（Expert）。Glaser（1996）指出，专长获得后期属于自我调节阶段（self-regulation），教师开始通过参与设置自身学习环境，并从中获取反馈，进一步改进现有的专长水平，使得自我学习成为专家学习的原动力和特征。

基于卓越教师的专长构成要素和专长发展阶段可以看出，他们的成长不是一朝一夕的事，不是通过短短数年的师范教育所能实现的，他们是在自我发展的轨迹里始终保持不断学习的主观态度与能力的终身学习者，具有长期性、阶段性和实践性的特征。

卓越教师在某种程度上也是终身学习型教师。所谓终身学习型教师，就是能坚持思考和学习，不断转变教育观念，更新储备知识，摸索教学方法，尤其能加强学习并熟练运用现代化教学技术和手段。Cole & Knowles（1995）认为，成为教师应植根于个人的终身持续成长的过程，让早期与目前的生活经验在个人生活领域里衍生出意义，是促发专业发展最重要的因素。

教师在走向卓越的道路上，需要通过在日常教学实践中不断学习钻研，不断丰富自己的专业知识，积累教学经验，更新自我知识体系。因此，卓越教师具有的一种共性特质是他们以动态成长中的教师角色存在，对卓越教师的培养要从动态的角度来考量，考虑到卓越教师培养的终身性和阶段性，从三个方面提出建议，制定关于卓越教师分层分类专业标准，形成较为系统完善的卓越教师人才梯队培养模式，有必要将卓越教师的培养导入终身教育系统。

第一，要制定关于卓越教师分层分类专业标准，提供教师自主提升专长的目标。在不同的专长发展阶段，卓越教师会塑造出不同的问题解决方式、知识学习方式和经验积累方式，并且这些阶段间的转折点和瓶颈期都是培养的关键。卓越教师的成长相对于一般教师具有着自主性的特征，尤其是进入熟练水平和专家水平阶段，促进卓越教师培养，不仅靠组织、社会或他人，更重要的是发挥其主观能动性。较之西方发达国家，我国现阶段还没有一个明确的卓越教师专业标准体系。这实际上阻碍了我国卓越教师专长发展和教师队伍建设的进程。卓越教师专业标准的制定，能够为不同类型教师专业发展提供方向，不断提升自身的专业知识与能力。

第二，建议形成较为系统完善的卓越教师人才梯队培养模式。卓越教师的成长是一个不断变化的过程，考虑到不同专长发展阶段的教师专长特征制定相应的培养。例如，美国教师专业标准体系包括教育职前、入职和职后三个职业发展阶段，贯穿每一个教师的职业生涯。因此，要根据不同阶段的特征，建构分段式教师培训模式，贯穿卓越教师的整个成长过程，让有潜力的人在实际问题中脱颖而出，将已经崭露专长水平的人重点培养成专家，大力充实卓越教师的人才队伍。

第三，有必要将卓越教师的培养导入终身教育系统。教师要达到标准就必须进行终身学习。当前，教师的教学专长发展缺少相关组织的系统训练，以及存在继续进修的断层，职前教育几乎很难满足专长发展需要。因此，要贯通职业教育、高等教育、继续教育、高端引领等人才发展链条，避免培养出现断层，做好卓越教师培养过程中的衔接工作。[1]

[1] 叶京．基于卓越教师的专长构成与专长发展阶段探析[J]．中国成人教育，2017（19）：148-151.

本章小结

本章主要分析了职业院校卓越教师的内涵特征、专业素质、专业标准和成长规律。认为卓越教师培养是一个需要全社会长期共同关注和积极参与的系统工程。在不同专长发展阶段介入，根据不同阶段的培养目标相应给予专业知识与技术上的支持，给予在实践中学习与反思的机会，给予政策、资讯与经济上的合适知识。有必要摒弃长期以来沿着职称研究思路，而将视线放宽至卓越教师的一生，以其终身发展为研究视角，对其动态发展进行制度设计，创新研究对象和研究主题，推动卓越教师的专长发展与培养。

第三章　职业院校卓越教师精准培育生态管理困境

职业院校卓越教师培育的研究不仅是当前职业教育改革的一大趋势，而且也是我国现阶段教育界的最热门的核心话题之一。随着职业教育的快速发展，对职业教育研究的不断深入，各职业院校依据职业教育发展的基本规律确定了人才培养目标，取得了可观的成绩，为社会发展培养出了更多的技能型人才。然而，目前制约职业教育发展的重要因素之一是相对滞后的师资队伍，教师素质的高低直接决定了教育质量的水平。因此，职业院校教育教学质量的提高的关键就在于教师队伍的建设，而卓越教师的培养则是重中之重。对多所职业院校卓越教师培育情况进行调研发现，职业院校卓越教师培育主要存在标准缺失、制度不完善、职后发展环境不理想、自身存在原因等困境。

一、职业院校卓越教师标准缺失

根据相关数据分析表明，我国职业教育发展的瓶颈在于教师标准，尤其是卓越教师标准的缺失。由此可见，卓越教师专业标准的意义在于它是选拔优秀教师的依据，是培训教师的指南，是评价优秀教师的尺度，是引领教师自身发展的导向，还是提高整个教师队伍素质和水平的依据。制定明确具体的职业院校专业卓越教师标准对教育事业发展有着十分重要的理论价值和现实意义。

（一）卓越教师计划与评价标准的演进

改革开放初期，国内政策以恢复发展经济为根本目的，1985 年《关于教育体制改革的决定》指出，建立一支数量充足、合格稳定的师资队伍，是实行义务教育的最根本方法，希望教师在数量满盈的基础上走向质量提升；但是，教育制度在实施过程中出现了一些问题和困难，比如紧缺高水平的学科带头人、教师队伍的结构不合理，急需提高教师队伍的整体素质，为此，1999 年《关于新时期加强高等学校教师队伍建设的意见》提出了提高教师学历层次和优化职务结构的要求。2007 年“高等学校本科教学质量与教学改革工程”为卓越教师计划实施提供了遵循的准则和依据，主要从教学能力、培训力度、培养模式等方面进行高校人才培养改革。2010 年，按照《国家中长期教育改革和发展规划纲要（2010—2020 年）》的相关要求，教育部门选择一部分高校实施卓越教师等人才培养模式的试点工作；同年 6 月召开的天津会议标志着我国的“卓越计划”正式启动。2012 年，部分师范院校按照“卓越教师培养体制改革试点项目方案”实施卓越教师人才培养计划。2014 年 8 月，教育部颁布《关于实施卓越教师培养计划的意见》，从师德、专业基础、教育教学能力以及自我发展能力等方面提出了卓越教师的高素质要求。[1]此后，针对卓越教师及其有关问题的研究从多个视角展开，如卓越教师内涵与发展阶段、培养机制及成长环境。

国家教委1993年1月发布《特级教师评选规定》明确了特级教师的评选标准，即模范履行教师职责、理论知识系统、勇于创新、成绩卓著等，此后，各个省市据此制定了符合本地要求的评价标准。比如，北京不仅出台了《北京市特级教师管理办法（修订）》等文件，而且在“2017年北京市特级教师评选”中规定了更为详细的内容，明确了特级教师的评价标准包括师德修养、教书育人、教育科研、指导培养青年教师等方面，也增加了一些重要的新指标，“形成富有个性的教育教学风格”“在促进教育公平、提高教育质量等方面发挥引领和辐射作用，为本校和本区骨干教师队伍建设做出贡献”等，既明确了引领教师专业发展的基本原则，又为卓越教师培养提供了一定的专业标准。[2]2014年，教育部印发了《关于实施卓越教师培养计划的意见》，旨在培养一大批师德高尚、学科知识扎实、教学和自我发展能力突出的高素质专业化教师，针对不同类型的教育改革制定了高素质教师的不同发展要求，例如，卓越中等职业学校教师指技能娴熟、胜任理论和实践一体化教学的高层次“卓越”教师。专家学者也发表了“卓越教师评价标准”的不同见解，有研究者从人格、教学、科研三个方面提出了卓越教师评价体系的可实施方案；有研究者侧重于阐述师德、育人以及教学等方面的具体内容；有研究者概括出“卓越教师”九个方面的能力结构，包括高尚的师德师风、娴熟的教学技能、过强的创新能力等。此外，各所大学也根据该《意见》制定出本校的卓越教师评价标准，比如，复旦大学“卓越人才计划”要求卓越教师学风端正、治学严谨，具有学术发展潜力和广泛学术影响力，对科学研究和人才培养事业做出突出贡献等；浙江大学“卓越工程师培养计划”提出了专业知识、实践能力、管理能力、交流与合作能力以及职业道德素养等方面的要求。

（二）卓越教师标准制定的意义

1.有利于拓宽职业院校教师教育理论体系

职业院校卓越教师作为教师的一种类型，当然要遵守教师专业发展的规律，经历一个从毕业、胜任、成熟直到领导的过程。在卓越教师专业发展阶段中，每个老师都有自己的独特性，做不到整齐划一。再加上长期以来，不同教师教育机构在培养培训方面存在差异，使得培养出来的教师在素质要求方面也是参差不齐。随着职业教育的跨越式的快速发展，职教师资队伍表现出专业发展的迷茫。教师的专业性受到了社会各界的质疑。目前我国还没有一套相对成熟的、具体明确的职业院校卓越教师标准。标准的缺失使职业院校卓越教师的职业发展迷失了方向。卓越教师标准的确立，有利于规范教师的准入制度，完善教师选聘制度；有利于强化激励机制，提高教师的经济和社会地位；有利于完善卓越教师培养培训机制、完善考核机制，进而拓宽职业院校教师教育理论体系。

[1] 周先进．卓越教师：内涵、素质及培养[J]．高等农业教育，2015（8）．
[2] 毕景刚．“卓越教师”计划之背景、内涵及策略[J]．教育理论与实践，2014（11）．

2. 有利于优化职业教育的教师结构

目前，在我国职业教育教师队伍建设中，卓越的专业课教师和实习指导教师数量不足，达标率较低，队伍结构不合理，青年教师中大部分缺乏实践经验与专业技能等问题。没有高素质的优秀教师队伍，就不可能培养出高素质的人才。卓越教师作为一种特殊的职业，对其有严格的要求。那么这些要求是什么呢？具备了怎样的能力与素质才能成为一名真正卓越的教师呢？这就要求我们必须建立职业院校卓越教师评价标准，通过标准来制约和规范卓越教师行为。只有达到了标准的要求，才能被认定为卓越教师。这样可以从根本上提升教师队伍质量，从而提高教师的专业化水平。由此一来，可以优化职业教育教师人才结构，加强师资队伍建设，从而提高教学质量。

3. 有利于促进职业院校教师的职业发展

在我国，教师被称为“人类灵魂的工程师”。自改革开放以来，国家通过制定《教师法》《职业教育法》《高等教育法》《教师资格条例》《教师资格条例实施细则》等一系列的法律法规，教师的地位也得到了不断的提升。教师专业地位的提升不仅需要相关政策的保障，更需要教师本身职业素养的提高。卓越教师是一种特殊的职业，需要不断学习、发展、提高的职业。而且卓越教师发展又是一个漫长而复杂的过程，要经历毕业、胜任、成熟、领导四个阶段。职业院校卓越教师标准的制定，使得卓越教师职业成为一个专业化职业。从品质、知识、能力三个方面界定卓越教师的职业素养。这样既促进了职业院校卓越教师的职业发展，也为卓越教师地位的提升奠定了基础。

4. 有利于加强职业院校对教师进行科学高效的管理

大多数职业院校对卓越教师的遴选、聘任、培养、培训以及考核评价等方面仍然处在传统的管理阶段，缺乏一套科学合理、行之有效的标准。在遴选和聘任方面，学校对卓越教师的要求并不严格，有的只是通过审核专业文凭、技能证书、教师资格证为依据；在进修和培训方面，职业院校卓越教师的进修与培训表现出较大的随意性，缺乏必要的保障；在考核与评价方面，评价机制单一，没有突出职业教育的特性。职业院校卓越教师通用标准在教师遴选和聘任上做出了明确的要求，严把入口关；在培养与培训方面，为卓越教师进修和培训提供依据，为卓越教师职后培训提供保障；在考核评价方面，为教师的激励机制、考核评价办法进行明确规定。因此，对职业院校卓越教师通用标准的研究有利于加强职业院校对卓越教师进行科学高效的管理。❶

（三）卓越教师专业标准缺失的原因

职业院校卓越教师专业标准的缺失，既有历史原因，也有现实原因；既有外部原因，也有内部原因。主要表现在职业教育经费投入不足和卓越教师专业标准制定条件欠成熟两个方面。

1. 职业教育投入不足，导致卓越教师专业标准制定工作滞后

现代职业教育是工业文明的产物。我国历来是儒家文化传统，重视礼教。自从“樊迟

❶ 田雨. 高等职业院校专业教师通用标准的研究 [D]. 江西科技师范大学，2014.

问稼”于孔子，而被训斥为小人后，操作层面的技术便永不登大雅之堂。及至近代，清末士大夫将西方先进技术贬低为“奇技淫巧”，殊不知他们思想意识中的技术是“草船借箭”借助的技术，而非“轮扁斫轮”的精湛技术。顺理成章地包括高等职业教育在内的职业教育也被社会看成了“劣等教育”。对此，中国职业技术教育学会副会长杨金止曾有过精辟论述。他说：“在应试教育的环境下，个性的多样性及异彩纷呈和社会需求的丰富多样性被忽视了，教育多样化的类型被异化为教育及教育结构的等级化，不同教育阶段的分流实质是教育类型的分流，却变成被选拔和被淘汰者的重新归队，‘三百六十行，行行出状元’的思想被否定了。大量的被传统观念认为是‘学业失败的学生’进入了职业教育这一教育类型系统学习，于是职业教育被社会看成了‘次等教育’”。这样的社会与教育环境下，符合职业教育本质需求的卓越专业素质教师的培养难以得到职业教育的另一维——企业的关注和支持。失去了企业的关注和支持职业教育也就失去了强有力的保障，培养出动手能力不强的毕业生，形成恶性循环。

我国职业教育，从 20 世纪 80 年代江浙一带的夜大起步，发展时间还不长，社会认可度还不高。社会上大多数人的共识就是，学业差、中高考不理想的学生才会进入职业院校读书，而且误解商职只是职业院校的教育层次。其实在发达国家，经济的发展已经促使职业教育层次内在地提升，职业教育自成体系，从高中到专科、本科，到专业硕士，再到专业博士。大多数家长也认为孩子成绩太差读不了二本、三本，不得已才去读职业院校，选择中职院校就读实属无奈之举。虽然现在国家已经从发展战略高度加大了对职业教育的重视及宣传力度，但观念上的改变确实需要一个长久的过程，社会对职业教育认同度低的现状依旧存在。教育投入直接影响着职业教育基础建设及其人才培养质量。受制于国情，经费短缺是制约职业技术教育发展的一个瓶颈。职业教育的发展经费主要靠学生每年 5000 元左右的学费收入，政府的投入非常有限。2017 年，全国教育经费总投入为 42557 亿元，全国高中阶段教育经费总投入为 6637 亿元，其中中等职业教育经费总投入为 2319 亿元，占高中阶段教育经费的 34.94%；全国高等教育经费总投入为 11109 亿元，其中，普通高职高专教育经费总投入为 2023 亿元，占高等教育经费的 18.21%。[1]高中阶段招生 1382.49 万人，其中中等职业教育招生 582.43 万人，占 42.13%；普通本专科招生人数 761.49，普通本科招生 410.75 万人，高等职业教育招生人数 350.74，占 46.06%。[2]由此可见，职业院校经费所占比例与其规模严重不相适应，投入严重不足。经费投入严重不足直接影响着职业院校的基本建设和可持续发展。由于经费投入不足，加上扩招后生均经费急剧下降，职业院校办学经费十分有限。在办学经费本身如此紧张的情况下，在有限的资金里专口预算职业院校卓越教师培养培训经费更是遥不可及，让人不敢想象。相应地，由于卓越教师专业素质提升培训规划的落实在经费上很难得到保证，一定程度上制约了职业院校卓越教

[1] 教育部 .2017 年全国教育经费统计快报 [EB/OL].
http：//www.moe.edu.cn/jyb_xwfb/gzdt_gzdt/s5987/201805/t20180508_335293.html.

[2] 教育部 .2017 年全国教育事业发展统计公报 [EB/OL].
http：//www.moe.gov.cn/jyb_sjzl/sjzl_fztjgb/201807/t20180719_343508.html2018-7-19.

师专业标准制定工作的顺利开展。

2. 职业院校卓越教师专业标准制定条件欠成熟

首先是职业院校卓越教师社会地位没有得到足够的重视，导致职业院校卓越教师专业标准制定工作难以开展。社会地位表示社会成员的社会威望和荣誉的高低程度，是一个社会成员在社会系统中所处的位置的标识，也泛指财产、权力和权威的拥有情况。社会地位一般由社会规范、法律和习俗限定。社会地位影响着教师队伍稳定、教育质量提升、教育事业发展。职业教育在社会中的地位不高导致了其教师处于不利的社会地位，进而影响其后备力量的储存，更加影响其优秀力量的发展。

其次是职业教育教师专业标准制定优先于职业教育教师工作开展。1997 年，联合国教科文组织向 180 多个会员国政府发出了倡议书，该倡议书在指导原则部分明确规定：高等教育中的教学应该被视为一种专业，因为它是需要从事高等教育的人员具备专业知识和专业技能的一种公共服务，这种专业知识与技能需要经过终身的学习和研究；它还要求教育工作者心怀对学生个体以及整个社会的教育和福祉的责任感；需要教师具备对学术和研究的高专业水准。在全球性的教师专业标准浪潮的影响下，我国社会也开始关注并启动了教师教育的相关标准研究工作。首先政府是将眼光瞄准了发展相对成熟的普通教育体系，尤其是职业教育这一部分。政府和社会对教师专业标准的高度关注和额外重视，是推动我国教师专业标准构建并逐步完善的重要影响力量。但由于职业教育，在我国起步晚，处于初级阶段，职业院校的各项建设还处于摸索发展状态。职业院校的教师队伍建设作为软资源，更是在规模扩张之后的内涵提升阶段才能引起注意。

为了提升职业院校卓越教师专业素质，必须尽快出台一种层级分明、操作性强的职业院校卓越教师专业标准，以便为职业院校教师的专业发展、职业院校教师培训工作提供依据，作为职业院校卓越教师开展教育教学活动的基本规范，也可作为职业院校卓越教师职前培养、在职培训、工作考核等工作的基本依据。

二、职业院校卓越教师培育制度不完善

美国诺贝尔经济学奖得主道格拉斯·诺斯认为，制度是“人类设计的制约人们相互行为的约束条件”。但反观之，制度又是促进与保障人类社会进步发展的充分条件。职业院校教师制度的内涵制度是指一套行为规则，这些规则涉及社会、政治及经济行为，通常被用于支配特定的行为模式与相互关系。[1]职业院校卓越教师作为职业院校组织的重要成员，其行为受到一定外界规则制度（包括正式制度和非正式制度）的约束、监督和控制。目前，学术界对于职业院校教师制度的构成尚未有统一定论。如果按照定义制度的方式来审视职业院校教师制度，可以将职业院校教师制度划分为正式教师制度和非正式教师制度。其中正式教师制度主要指由国家政府层面、教育行政主管部门以及具体的职业院校所制定并实施的用来规范和约束职业院校教师的教育教学活动和职业行为的一系列规章制度。这些规

[1] 卢现祥．西方新制度经济学 [M]. 北京：中国发展出版社，1996：17.

章制度通常以法律条文或政策文件的形式在实操层面发挥作用，包含教师资格制度、培训制度、考核制度、晋升制度、薪酬制度等几个方面。非正式教师制度主要讨论社会文化传统、市场以及职业院校组织氛围和管理风格等方面的内容。

（一）国外关于职业院校教师制度的研究

国外对职业教育的研究要早于我国几十年，这对我国后来进行相关研究产生了重要影响。进入 21 世纪以来，世界各国的职业教育均进入快速发展阶段，对职业教育和教师的关注也日益增加，相关研究成果颇丰。选取德国、美国、日本三个职业教育发展成熟的国家为典型代表，对职业院校教师培育制度的相关研究进行文献综述。

1. 德国职业院校教师制度的研究

与我国职业院校教师研究分属不同的领域，关于阐述德国职业院校教师培养制度最典型的著作是邦宁（Frank Bünning）教授和我国学者赵志群合著的 *TVET Teacher Education on the Threshold of Internationalization* 一书。书中对于职业教育教师的培养进行了必要性和重要性分析，并对发展和构建“国际职业教育师资硕士课程框架”以推进职业教育教师培养的国际合作和制度化进程做了深入分析，并提出了一些具体的实施策略。此外，欧盟职业培训发展中心发布的《职业教育和培训的现代化》和《职业教育和培训：展望未来》等报告也对德国职业教育教师的培养方式和具体实施办法做出了较为详细全面的规定和要求。葛洛曼在《职业教育教师质量：教师教育，制度角色和专业现实》一文中也对职业院校教师的培养方式和聘任要求做了详细的分析和阐述。哈希哲（T.Hascher）和尼古拉斯（R.Nickolaus）等学者也对德国职业教育教师培养制度的结构、存在的问题和改革策略均作了详细阐述[1]。通过对已有文献的整理可以看出，对德国职业教育教师制度的研究多集中在中等职业教育阶段，而对职业院校教师制度的关注和研究还较为缺乏，这不意味着德国没有针对高等教育阶段实施职业教育教师的任职要求、进修规定、薪酬制度、晋升条件等一系列制度安排，而是由于德国职业教育主要集中在中等教育阶段，高等教育阶段的职业教育可以看作是职业教育从中等阶段的教育向高等阶段的教育延伸和扩展，无论在称谓上还是内涵上，德国都不存在我国意义上的高等职业教育，通常我们所指的德国职业教育教师群体也主要是指中等教育阶段的职教师资群体。

2. 美国职业院校教师制度的研究

针对社区学院教师群体的研究有关职业院校教师培养制度的研究，美国著名职教课程专家芬奇（Curtis R.Finch）在其著作中进行了较为详细的梳理，并介绍了美国职教教师培养体系的历史演变历程和哲学转向，[2]这是基于宏观视角考察教师培养的外在形式和模式。此外，近些年来关注职业教育教师专业化发展的内在模式的研究也受到研究者的普遍关注。美国国家生涯与技术教育研究中心（NRCCTE）在 2013 年开展了针对职业教育教师替代

---

[1] Grollmann，P.，Rauner，F.（Eds.）.International perspectiveson teachers and lecturers in technical and vocational education[M].SpringerScience&BusinessMedia，2007：1-26.

[2] Finch，CR.Vocational Teacher Educationinan Eraof Change：The United StatesExperience[J].Australian Journal of Teacher Education，1998，23（2）：36-48.

性培养路径的研究，并开发了一个基于教师专业发展的模型，对优化教师培养和进修提供了新的视角和路径。[1]有关职业教育教师资格制度，泽科（C.Zirkle）等人对比分析了美国50个州的职业教育教师资格证书认证的传统路径和替代路径，详细介绍了这两种认证模式的要求和现状。[2]有关美国高等职业院校（社区学院）教师的整体职业状况和教师的任职资格、晋升、考核、薪酬等制度设置在《社区学院教师：一个被忽视和被低估的群体》一文中有着较为全面的阐述，为考察社区学院教师群体提供了卓有价值的参考和借鉴。[3]

3. 日本职业院校教师制度的研究

职业院校教师群体的研究尚未受到普遍关注，由于日本职业教育的模式是以企业培养模式为主，故在职业院校从事教学任务的教师主要承担公共文化课和专业基础课，专业实践课主要在企业中完成，并通常由兼职教师，多为企业的实践指导教师来承担。学术界对日本职业院校专任教师的关注十分欠缺，相关教师制度的研究也并未成为教师问题研究的重点选题，与此相关的研究多是与别国的比较借鉴研究。今野浩一郎的《欧美多国公共职业训练制度及现状——德、法、英、美四国比较调查》一书对德国、法国、英国和美国的职业教育教师的培养和任职资格制度做了相关介绍，并与日本的职教师资培养进行了比较，提出了一些有针对性的策略和训练方案。[4]《诸外国能力评价制度——英、德、美、法、中、韩、欧盟的调查》一书中对英国、德国、美国、法国、中国、韩国和欧盟职业院校教师的能力评估方式和制度设计进行较为全面的调查研究和比较分析，同样可以看作是日本职业院校教师教育的参考范本和借鉴资料。[5]

（二）国内关于职业院校教师制度的研究

对国内具体职业院校教师制度的研究关于职业院校教师的资格、培养、聘任、晋升、激励、评价、考核、薪酬等制度的研究，大量集中于微观层面，理论研究和实践研究兼有，并以历史研究法、比较研究法和文献研究法为主要研究方法，基于量化的数据分析方法也有涉及，但少有基于大样本、大范围的调查研究，质化研究方法也少有涉及。

1. 关于职业院校教师资格制度的研究

此研究目前处于起步阶段。关于职教教师资格制度的研究，查吉德的《职业教育教师资格制度研究：制度有效性的视角》一书具有重要参考价值，它从新制度经济学的理论视角出发，详细剖析了教师资格制度在职教教师队伍建设方面的有效性问题，并提出了创新

---

[1] Bottoms G，Egelson P，SassH，etal.Improving the quality of career and technical alternative teacher preparation：An induction model of professional development and support[J].Journal of the American Ceramic Society，2013，96（6）：1869-1876.

[2] Zirkle C J，Martin L，Mc Caslin N L.Study of State Certification/Licensure Requirements for Secondary Career and Technical Education Teachers[M].National Research Center for Careerand Technical Education，2007.

[3] Townsend B K，Twombly S.Community college faculty：Overlooked and undervalued.ASHE highereducation report[R].San Francisco：Jossey Bass，2007，32（6）：1-155.

[4] 今野浩一郎．欧美多国公共职业训练制度与现状——德、法、美、英四国比较调查 [R]. 独立行政法人，劳动政策研究·研修机构，2009.

[5] 天瀬光二，中道麻子，等．诸外国能力评价制度——英、德、美、法、中、韩、欧盟的调查 [R]. 独立行政法人，劳动政策研究·研修机构，2012.

职教教师资格制度的设计对策。[1]然而，关于职业院校教师资格制度的研究还未见有系统性的专著问世，而多见于学术期刊论文。我国对于职业院校教师的资格认证，长期以来是归属于高等学校教师资格认证体系，并未形成独立的专门针对职业院校教师的认证标准和体系。基于此，一些研究者认为目前我国职业院校教师资格认证体系存在认定类型较为笼统、认定标准不够统一、认定机构的设置缺乏科学性、考试制度缺乏针对性，以及教师证书的管理制度不完善等问题。面对这些问题，方桐清和李禄华从不同角度提出了改革建议，如确定教师类型、细化资格标准、改革考试制度、设置权威机构、加强证书管理等，这些建议对于完善职业院校教师的资格制度具有重要意义。此外，李禄华深入辨析了“教师资格制度”“教师资格证书制度”“教师资格认证制度”等几个相关概念，使我们加深了对教师资格制度内涵的认识和理解。[2]总体而言，由于有关职业院校教师资格的各类专门制度的缺失而致使关于职业院校教师资格制度的研究在我国还处于初始阶段，有关职业院校教师资格的内涵解读、考核程序、资格认定、制度体系等一系列关键问题的界定还有待未来继续探讨。

2. 关于职业院校教师聘任制度的研究

此研究以专兼职教师的分类研究为主。对于职业院校教师聘任制度的研究，国内一些研究者从现有聘任制度的问题入手，指出目前专门的职业院校教师聘任制度还未建立起来，因此职业院校在聘任教师时常常会面临信息不对称的问题，无法全面直接地把握有关教师综合素质、职业能力等方面的信息，进而无法保证教师队伍的质量。当教师进入职业院校组织后，由于教师的用人机制、职称晋升标准不对口等问题，教师也会面临种种矛盾和问题，如“职业院校教师要追求职务晋升就必须按照现行的晋升标准，额外完成相应的工作，而这些工作又与职业院校教育教学的实际需求存在偏差，致使教师既分散了精力，又不能通过职称评审来切实促进日常的教育教学工作”。[3]针对此，通过借鉴别国经验并结合我国具体情况，俞启定提议建立不同于普通高校教师的职业院校教师聘任制度，以此来突显职业院校教师的独特属性，优化高等职业教育结构，使其发挥整体性功能。[4]此外，关于职业院校教师聘任制度的研究也有将研究对象聚焦于兼职教师群体的。通过分析当前职业院校兼职教师的聘任现状和存在的问题，在比较借鉴国外成功经验的基础上，提出构建适宜我国职业院校兼职教师发展的聘任制度框架。由于职业院校存在对来自企业的兼职教师的聘任难、管理难等问题，需要国家有关职能部门给予必要的政策支持来逐步完善兼职教师的选聘机制，同时还需要职业院校建立健全的兼职教师管理制度，以保证兼职教师能够“引得来”“用得上”“留得住”。[5]

[1] 查吉德．职业教育教师资格制度研究：制度有效性的视角 [M]. 广州：暨南大学出版社，2011.

[2] 李禄华．高职教师资格制度改革研究 [D]. 长沙：湖南师范大学，2010.

[3] 陈俊．高职教师队伍建设的制度创新 [M]. 成都：西南交通大学出版社，2009：126-127.

[4] 俞启定，王为民．审视与反思：我国高职教师职称评审标准的套用问题 [J]. 教师教育研究，2013（1）：17-21.

[5] 杨京楼，申小军，陈新．关于高职院校兼职教师聘任及管理的几点思考 [J]. 中国职业技术教育，2006（20）：33-34.

3. 关于职业院校教师培养培训制度的研究

此研究以“问题—对策”分析为核心的研究方式。我国关于职业院校教师的在职培训、职后培训以及继续教育等概念不做详细区分，对这方面的研究主要集中在现存培训体系中存在的问题分析以及相应的改进策略研究。综合这些研究，当前我国职业院校教师培训还存在观念落后、内容脱节、针对性不强、培训时间少、方式不灵活等问题，系统完善的培训制度还十分欠缺，相关的政策法规还未配套，这些都构成职业院校教师职业发展的障碍。周明星基于对职业院校教师培训现状的反思，提出实施职业院校教师校本教育和校本培训，如运用立足于本院校、教师本人、本专业特色的“三本”教师教育模式、“工学结合”模式、专题讲座模式、老带新模式、课堂观摩模式、竞赛互长式模式、网络自主学习模式等多种培训模式来加强对职业院校教师的全方面、多元化培训制度的构建。[1]

4. 关于职业院校教师的培养问题的研究

此研究多倾向于从整体师资队伍建设的视角来分析，提出构建职业院校师资队伍建设的整体设计方案。例如，基于对职业院校教师师资队伍建设的出发点及教师素养的个性要求，提出对职业院校专业带头人的培养、名师名家的培养、青年教师的培养以及兼职教师队伍的建设等具体培养策略。[2]庄西真通过分析我国职教师资培养模式的历史发展过程，指出我国职教师资培养有三种不同的模式：独立设置“职业技术师范院校”时期的专门培养模式、普通高校建立“二级学院（职业技术教育学院）”时期的参与培养模式以及建立国家级“职教师资基地”时期的协同培养模式。针对我国目前职教师资实施的几种主要的培训模式（院校培训模式、校本培训模式、企业实践模式、“基地＋企业”培训模式、远程培训模式和海外进修模式），他指出还存在一些难以回避的矛盾与问题，如统一的培训计划满足不了教师的个性化需求；“雇佣兵”式的培训教师队伍不能满足专业化培训的要求；松散的校企合作模式不利于“双师型”教师素质的提升；“重教轻学”的评价模式不利于培训绩效的提高等。为了解决这些矛盾，他提出改变以往“任务型”的培训方式，转向“服务型”的教师培训机制；构建高校和企业实施的“双轨制”培训模式；实施“翻转课堂”教师培训策略；实施需求定位精准、内容设计精准以及方法使用精准的教师培训方式等。[3]这些研究成果均对优化职业院校教师的培养培训机制提供了理论依据和实践参考。

5. 关于“双师型”职业院校教师制度的研究

此研究聚焦于具体实践的研究。“双师型”教师是一个独具中国特色的概念。20世纪80年代我国职业教育领域就出现了“双师型”教师的概念，但直到20世纪90年代中后期，在经历了十多年的实践经验积累之后，“双师型”教师才作为一个政策问题，出现在关于职教师资队伍建设的政策中。[4]近二十年间，众多研究围绕“双师型”教师队伍建

[1] 周明星，焦燕灵．高职教师培训反思与校本教育构建[J].职业技术教育（教科版），2003（19）：47-49.

[2] 周建松．高等职业教育可持续发展研究[M].杭州：浙江大学出版社，2013：185-212.

[3] 庄西真．职业教育教师培养培训模式研究[M].南京：江苏凤凰教育出版社，2016：39-114.

[4] 孙翠香，卢双盈．“双师型”教师政策变迁：过程、特点及未来态势[J].职业技术教育，2013（28）：48-54.

设的现状分析、问题剖析、对策建议及培养机制等方面展开。“双师型”教师政策也经历了一个发展、变迁的过程，政策目标逐渐明确、内容日益丰富、可操作性越来越强，这一系列变化都为职业院校教师队伍建设指明了未来发展方向。特别是《关于全面提高高等职业教育教学质量的若干意见》中明确要求“逐步建立‘双师型’教师资格认证体系，研究制定高等职业院校教师任职标准和准入制度”，这一切都促进了职业院校“双师结构”教师队伍的建设。因此，学术界对于“双师型”教师制度的研究主要围绕具体实践展开，期望理论转化为实践，倡导并推动国家层面出台正式的针对“双师型”教师的政策法规，进而构建“双师型”教师制度体系。

6. 关于其他具体职业院校教师制度的研究

国内学者关于职业院校教师薪酬、考核评价、激励等其他具体教师制度的研究成果大多出现在近十年间，研究所涉及的主题比较有限，基本围绕着描述现状、剖析问题、探寻原因、提出对策建议等方面进行。就职业院校教师的薪酬制度而言，刘晓林指出要综合考虑公平与效率、薪酬体系的科学性与可操作性及管理成本，并结合国家薪酬政策、职业学校办学目标以及职业院校教师的劳动特点，来建立全面弹性的薪酬制度，并坚持以人为本的原则。[1]此外，王健通过分析职业院校教师心理契约理论的内涵和结构来揭示职业院校教师薪酬制度存在的问题，从心理契约的交易、关系和发展三个维度尝试重构职业院校教师薪酬激励制度，以期实现职业院校发展战略与教师自我发展目标的统一。[2]对于职业院校教师的评价研究，早期多集中于对教师教学效果的评价上。[3]随着研究视角的不断扩大，开始强调对教师综合能力的评价，如教学传授能力、专业实践能力、科研与发展能力、社会行为能力等多方面能力的评价。[4]周建松在《提高质量：高职院校师资队伍建设的着力点》一文中指出构建职业院校教师队伍的出发点需突出职业教育的职教性、高教性和行业（区域）性，并着眼于师资队伍建设的基本要求、特殊要求和个性要求，从而完善职业院校专任教师的考核、评价、晋升制度和企业挂职锻炼制度，这是加强职业院校师资队伍建设的应然选择。[5]

（三）卓越教师发展的制度建设现状

在我国大力推进科教兴国战略的背景下，职业教育卓越教师专业发展的制度建设取得重要成就，已初步建立基本适应我国经济发展需要、反映我国职业教育特点的保障制度。但是横向与发达国家相比，纵向与社会经济发展相考量，现行的机制体制还存在诸多不足，并成为制约我国职业教育教师专业进一步发展的制度瓶颈。这也构成我们下一步加强制度创新、完善制度建设努力的方向。

[1] 刘晓林．以人为本的高职薪酬开发探讨 [J]. 教育与职业，2008（15）：40-42.
[2] 王健．基于心理契约的高职教师薪酬激励制度建构要点探析 [J]. 内蒙古师范大学学报（教育科学版），2014（3）：33-35.
[3] 阎保平．关于高职高专教师教学评价问题的思考 [J]. 教育理论与实践，2005（7）：13-14.
[4] 史枫．高职教师综合能力评价：基点与设计 [J]. 中国职业技术教育，2008（16）：10-13.
[5] 周建松．提高质量：高职院校师资队伍建设的着力点 [J]. 教育研究，2012（1）：138-140.

我国在逐步探索职业教育发展的过程中，针对职业教育教师专业发展，根据我国特有国情，结合职业教育特点，遵照教师发展规律，逐步建立一套以《职业教育法》为核心的制度体系。同时，全国各地及各职业院校亦根据实际情况，逐步探索建立具有地方特色的以职业教育教师专业发展为内容的体制机制。

1. 初步建立和完善以《职业教育法》为核心的制度体系

1995 年 9 月，《中华人民共和国教育法》正式实施。同年 12 月，《教师资格条例》出台实施，这标志着开始以制度的形式确立我国教师专业发展的方向。1996 年 9 月，《职业教育法》开始实施。此法作为我国职业教育的“宪法”，以国家法律的形式为职业教育及其教师专业发展奠定制度基础。随着社会经济的发展及职业教育的进步，国家相关部门在深入探索的基础上，又陆续制定和出台一系列促进职业教育教师专业发展的政策和措施，为进一步推进专业发展搭建制度框架。2002 年 8 月，国务院发文，就推进职业教育改革与发展，提出要在职业教育方面，通过多种方式，培养一批高水平的骨干教师和专业带头人。2004 年 4 月，教育部针对开展职业院校高专院校人才培养工作水平评估工作下发通知，专门就职业教育人才培养评估制定评估方案、工作指南及工作细则。2010 年 7 月，教育部及财政部就推进“国家示范性职业院校建设计划”实施工作发出通知，提出与企业联合培养专业教师，提高专业教师双师素质。2011 年 8 月，教育部及财政部又就实施“职业院校教师素质提高计划”联合发文，提出以提高培训质量为着力点，完善教师培养体系为主要内容的建设专业“双师型”教师队伍的意见。2015 年 7 月，教育部出台《关于深化职业教育教学改革全面提高人才培养质量的若干意见》，重新要求并强调新任教师先实践后上岗和教师定期实践制度。经过二十多年的不懈探索，我国在职业教育教师专业发展上，逐步建立完善包括职业教育教师资格认证制度、资格管理制度、培养培训制度、待遇保障等制度体系。

2. 探索发展具有地方特色的制度体系

在我国，由于地方差异性等原因，教育的不平衡现象在职业教育上体现得尤为突出。同时，我国在职业教育教师专业长远发展上，缺乏统一、全面、具体、操作性强的制度体系。因此，在我国职业教育发展过程中，各地区、各学校都在结合自身特点，逐步探索建立符合自身职业教育教师专业发展的制度。2008 年 12 月，浙江省就进一步加强中等职业学校教师队伍建设，在适当放宽职业学校教师准入标准后，针对教师专业发展提出，专业课教师和实习指导教师必须到企业实践锻炼。同年，安徽省制定并出台中等职业学校教师资格申请人教育教学基本素质、能力测评办法和标准，对于中等职业教育教师资格做出更细化、更明确的规定。2014 年 1 月，河南省出台加强中等职业学校“双师型”教师队伍建设的若干意见，提出自己的以“双师型”推动职业教育教师专业发展的路径。2015 年 12 月，北京市针对加快发展现代职业教育，提出以建立多层次培训体系和网络培训平台来加快职业教育教师专业的发展等。总体来看，各地政府在加快促进职业教育教师专业发展上，按照《职业教育法》要求，结合本地实际特点，出台一系列具有地方特色的制度，从制度层面补充中央层面制度的欠缺与不足。

（四）教师专业制度建设方面存在问题

自改革开放以来，尤其是自《教育法》及《职业教育法》实施以来，我国职业教育及其教师专业发展都取得长足发展，已初步建立起与社会发展相适应，能够保障职业教育教师专业发展的制度体系。但是，面对社会发展的新形势及层出不穷的新问题，我国职业教育在教师专业化方面还存在单列的准入制度缺乏、师资培养定位不清及管理制度不科学等问题。

1. 单列的职业教育教师准入制度缺乏

我国虽然已有完善教师资格认证及准入制度，但是对于职业教育，并没有形成完备的、符合其特点的单列的职业教育教师准入制度。在我国，《教育法》及《教师资格条例》虽然对于职业教育教师资格有所提及，但是一直以来没有出台单列的职业教育条例。因此，在职业教育教师的准入方面，普遍情况是参照国民普通教育的教师资格进行认证与准入，再附加相关专业技能要求，缺少与职业教育特点相适应的职业教育教师资格制度。全国各地的职业教育学校都是根据普通教师资格认证及准入条件，结合自身特点，制定和出台各类细则和规定。反观德国及日本等职业教育强国，都有单独的职业教育准入制度。

2. 职业教育教师培养制度定位不清

经过几十年的探索与发展，我国逐步建立以师范教育为主体的多元化的教师培养体制。就职业教育教师培养来说，主要的培养机构为全日制高校，包括综合性大学、普通师范院校及各类职业技术院校。但是由于对职业教育理论研究不足，导致在职业教育教师培养上定位不清，甚至在师范教育、学术培养和技能实践之间无所适从。最终培养的职业教育教师由于定位不清，导致由综合性大学培养的教师偏重于学术研究，而忽视师范教育和技能实践；而师范院校毕业的教师，则更多关注师范教育，忽视技能实践环节和学术研究；职业技术院校的教师虽然有一定的专业技能，但缺乏学术底蕴和教育理论。

3. 职业教育教师管理制度不完备

我国《教育法》及《职业教育法》虽然对职业教育教师资格、聘任、考核、奖励、培养和培训都做出规定，但从职业教育健全教师专业发展来看，管理机制体制还存在较多问题。

（1）教师评价制度不科学。教师评价制度是教师个体发展的“指南针”。只有科学有效的评价体制，才能更好地促进职业教育教师的专业发展。当前，我们的职业教育教师评价制度的评价标准不科学、太过笼统、缺乏细化；评价主体以学校或学院的管理人员为主，以学生为辅；评价内容主要为基本教学能力和学术研究能力，而对社会实践能力及技术创新能力考量较少；评价结果更多简单地表现为优秀、称职、基本称职及不称职等，并不能真正反映教师的水平和能力。

（2）教师培训制度不适应。当前，职业教育教师的培训虽有诸多制度，但与专业化的发展却不适应。一是教师参与培训积极性不高。对于国家和学校安排的各类培训，培训教师抱着走过场、休假的心态，主动积极参与意愿较低。二是教师培训方式比较单一。主要的培训方式为听专家讲座及授课，进行理论培训。作为职业教育培训，缺少进企业挂职锻炼等脱产培训。三是培训内容针对性不强。长期以来，教师培训由学校或学院管理人员负责组织，培训前缺乏与受训者的沟通与了解，导致培训内容与实际需要脱节。

（3）教师保障制度不到位。由于种种原因，一直以来，社会对于职业教育教师缺乏应有的尊重与认可。一般认为，职业教育教师没有综合性大学教师学术水平高，没有初高中教师对学生成长重要，导致其社会地位和经济地位得不到应有的保障。这种大环境使得很多教师，尤其是青年教师不能安心奉献于职业教育，容易造成工作上的懈怠，导致教师队伍极不稳定。同时，由于较低的薪资待遇，无法吸引并激励社会上的各类大学优秀毕业生从事职业教育，致使教师队伍缺乏新鲜血液，教师队伍应有的“老中青”生态不完整。

三、职业院校卓越教师培育职后发展环境不理想

（一）提高卓越教师职业声望的舆论导向

职业声望就是指人们对于某一职业的意义、价值、声誉的社会反映和综合评估。这种评估有很大的随意性和等级性，是人们主观能动性发挥作用的结果。就我国而言，职业声望的排位是相对稳定的，科学家、工程师、建筑师、医生、律师等专业技术性较高的职业，社会地位都较高，教师职业在整个职业声望结构中处于中上的位置。在我国，教师职业声望较高的原因在于我国的教师长期以来具有良好的职业形象，该职业的社会服务性使社会大众对其的可信度、支持度较高，并且也受师道尊严传统文化的影响，教师被寄予了厚望。

在教师职业内部，不同层次的教师的职业声望也不同。其中，职业声望最高的是大学教师，因为在人们的思想中，大学是培养高素质人才的地方，要想完成高素质人才的教育培养任务，大学教师自身必须有扎实的理论功底和优秀的道德品质。相较于普通大学教师，由于受“劳心者制人，劳力者制于人”传统观念和职业院校生源质量、学生就业率等因素的影响，职业院校教师的声望相对较低。不过应该指出的是，近年来随着经济转型，社会对于人才需求导向的转变，具有良好操作技能、可以进行实际操作的技术型人才成为社会建设的急需人才，职业院校作为以就业为导向，培养高技能技术型人才为经济服务的教育机构，日益受到人们的关注。“双师型”卓越教师作为人师、技师、德师，综合素质过硬，“能讲会做”，自然也受到了人们的敬仰和尊重。“双师型”教师职业声望的提高为壮大卓越教师队伍提供强大的舆论导向。[1]

（二）卓越教师职后培训不足

教师的职业成长是一项长期的发展过程，特别是从事职业教育的教师，由于新知识、新技术应用的更新速度非常快，要使职业教育教师的教学一直保持理论和技术的先进性、保持旺盛的生命力和竞争力，就必须不断地学习新知识和学习新技术。参加各种形式的培

[1] 覃丽. 高职院校“双师型”教师队伍建设的现状与对策研究 [D]. 天津大学，2005.

训是解决这一问题的重要途径。然而现状却是职业教育教师的职后培训成了时有时无、可有可无的事，缺少促进教师职业成长的长远的、可持续发展的培训规划。长期以来，我国职业教育教师的培养和培训是分开进行的，职前的培养由培养院校，主要是独立设置的职业技术师范学院和部分重点大学设置的职业技术学院承担，职后培训主要由各级培训基地承担。虽然我国已经批准建立了一批以高等院校、中等职业学校、大型企业为主体的职教师资培训基地，但目前情况下，基地开展的培训，大多是教育主管部门以任务的形式指派给各基地，甚至把开展没开展培训工作作为基地是否合格的评价标准，培训内容和形式与职业教育教学过程中存在的实际问题结合不紧密，与教师的专业发展关系不紧密，教师参加培训是被动地接受，导致教师缺乏参与培训的积极性，培训效果不理想。在这种情况下，不论是培训基地，还是派出培训教师的职业学校、还是教师本人，都是为了完成培训任务而参加培训，培训效果可想而知。另外，参与培训的教师，培训结束后因缺乏必要的评价机制和评价办法，使接受培训的教师没有在工作生活中得到体现，只是从管理与考核角度出发，把培训当作考勤，完成任务的一种形式，也在一定程度上挫伤了教师参加培训的积极性。[1]

卓越教师的培养要求职业性、应用性，是一个长期习得的过程，需要提供充分的继续教育。以德国为例，德国以法律的形式规定，职业教师参加进修培训是一种必须履行的义务，即职业教师参加工作后，还必须进行被称为“第三阶段的师资培训”的继续教育，这种教育有规范的激励措施、具体的操作办法和系统的进修内容。然而，在我国，卓越教师是否有机会参与在职继续教育的问题上，调查结果并不乐观。“双师型”教师中，认为学校在培养或引进“双师型”教师后对其进行继续培养与培训的情况乐观的仅有13.43%，且与非“双师型”教师相比，认为培养培训机会“多很多”的仅占4.95%，“略多”的占9.54%。学校经常选择“双师型”教师参加培训的只占20.84%，尚有20.24%的学校从未选择教师参加各类培训。从上述情况可以看出，目前，职业院校“双师型”教师的继续教育工作并未做到位，培养培训机会远不充分。

职业院校对教师的职后培训关注不足，邀请职业教育名家讲座是常见的形式，缺乏深入的教学指导。教师通过在企业相应岗位上的顶岗锻炼可以实现学术知识与工作过程的跨界对接，所以职业院校每学年对专业教师的顶岗锻炼都有硬性规定。但在现实环境里，一是由于教学任务重，许多职业院校教师的顶岗锻炼都安排在寒暑假里，挤占了教师的休息时间；二是顶岗锻炼大多依靠专业教师个人与用人单位联系，教师自己的力量是单薄的，企业也没有现成的岗位等着教师，因而利用个人关系在顶岗锻炼表格上盖个章即交差的情况，也是屡见不鲜的，由于普遍缺乏职业岗位实践经验，职业院校教师在胜任实践教学时显得力不从心。

为了提高职业院校的人才培养水平，实现教育部制定的人才培养目标，首先要从整体上提高在职教师的综合素质。而在职业院校中“双师型”教师本身就是最重要的无可替代

[1] 李大寨．我国职业教育教师培养培训模式研究[D]. 西北农林科技大学，2012.

的教学资源，所以加快培养“双师型”教师是一个不错的办法。学院应该加大多方面投入，增加教师培训机会，进一步提升“双师型”教师的人力资本价值。而从本次教师的反馈发现，与其他教师相比，“双师型”教师获得的培训机会并不具备很大优势。据调查教师反映，如果在职培训后能有一些待遇上的保证，他们是很愿意去参加的。而目前学院“双师型”教师方面学校只出台了几个管理条例，并没有形成一个完整的培养体系，即“培养—培训—评选—再培养—再培训”一系列的完整体系以及人、财、物匹配的保障体系。而在学院方面，由于教育主管部门对“双师型”教师的内涵还不确定，具体实施和管理方法有待细化，因此，在操作时不能真正做到有据可依。管理部门对于“双师型”教师的管理也只能边探索边调整，走一步看一步。另外，由于教育主管部门对学院的考核评估往往只看最终上报的数据和结果，而不注重培训过程，使得“双师型”教师的培训过程变成一种“走形式”，许多有利于教师成长和学院发展的好政策不能得到很好的执行。而忽视对“双师型”教师的培养，教师就不能掌握和了解专业领域的新技术、新设备，造成教师授课内容与社会需求之间的脱节，长期下来不利于学院的整体发展。

随着科学技术的不断发展和教育改革的深入实施，客观上要求教师及时调整知识结构，不断提高自己的教育教学能力；同时，由于近段时间内教师队伍不断充实，教师队伍内部的竞争也有所加强，在这种情况下广大教师也急切地盼望能得到进修的机会。但是民办职业院校由于师资短缺、教师工作量大等原因无法给教师提供充足的机会。与此相反，大多数公办学校则采取报销学费获提供晋升机会的方式鼓励教师参加在职培训。民办职业院校教师的在职进修机会较少，这也直接影响到了中青年教师教学、科研以及管理水平的提升。不少青年教师感觉到自己在民办职业院校中提升自己的机会越来越少，于是他们跳槽到公立学校的现象时有发生，这无疑造成了人才流失。此外，民办职业院校不够重视教师职业精神的培养，使得部分年轻教师的责任心、荣誉感不强，这就难以调动教师的积极性。正因如此，民办职业院校内部爱岗敬业的精神难以培养，既宽松自由又不失人文关怀的工作氛围的软环境难以形成，这些都直接或间接地影响学校骨干教师队伍的整体素质，不利于学校的持久发展。[1]

（三）卓越教师有效运行机制未形成

在“卓越教师培养计划”的实施过程中，教师教育学院的建立对卓越教师的培养具有重要的调节和监控作用。教师教育学院能够科学地组织安排教师，建立有效的运行机制，对卓越教师的培养进行统一的监督和管理。有效的运行机制包括人才培养质量监控与评估机制和对教师的激励机制。科学合理的人才培养质量监控与评估机制，可以使卓越教师的培养更加严谨、高效。有效的激励机制的建立，可以激发教师参与教学的热情，有利于调动教师的积极性。然而学校对有效的运行机制并未引起足够的重视，从学生来讲，多媒体技术、微课制作技术、教学组织与班级管理能力等相关的考核标准、方式、制度不明确，

---

[1] 丁星．湖北师范大学“卓越教师培养计划”的实施现状及策略研究 [D]. 湖北师范大学，2017.

且“卓越教师班”学生的学业负担、学业压力相比普通的师范生更重，他们在就业、考研等方面没有优惠政策；对教师来讲，“卓越教师班”的教师相比普通班级的教师的教学要求更高，教学任务更重，但课时津贴、评优评先、晋升晋级等方面却没有区别；另外，缺乏合理的认证机制和标准，对教师的实践性成果认证不够。由此，“卓越教师班”对学生和教师来说，都缺乏吸引力。

1. 管理制度不完善

由于对卓越教师的认知缺失和政策支持不力，导致卓越教师管理制度不完善。主要表现在以下几个方面：第一，缺乏明确的选聘标准和严格的选聘程序。各个地方职业院校对卓越教师的聘任标准各不相同，不成体系，严重限制了职业教育现代化的发展。而且，卓越教师可以先入职再去进行国家资格认证，因此在入职过程中存在很多问题。第二，教师储备人才的技能培养不全面。在教师储备人才的生源选择中，非师范毕业生虽然有比较系统的专业理论知识，但是没有进行教育理论学习和教育技术训练，在专业技术能力和工程实践经验方面有较大欠缺：师范毕业生虽具备系统的教育教学理论知识和训练，但在职业专业知识方面有很大缺陷；企业技术人员的实践能力很强，但一般不具备学科教学能力，很难进行有效的日常教学。第三，卓越教师的素质建设不均衡。由于我国区域之间的经济发展水平不一，区域间卓越教师的培养质量存在巨大差异，中西部欠发达地区职业学校在教师培养资金投入方面明显低于东部经济发达地区，对卓越教师的培养也多走形式，致使职业教育教师教学理念和方法陈旧，理论教学和实践操作与市场需求相脱节。第四，卓越教师的评价体系和激励机制不完善。

国内卓越教师的工资待遇、社会福利和社会地位等方面与普通职业教育教师没有显著区别，与普通教育学校教师相比，也没有明显的政策优惠。职业教育发达的国家，例如德国，职业院校教师的工资待遇一般要高于普通学校的教师国家公务员。同时卓越教师评价体系不完善，导致教师工作积极性不高。管理机制中的激励机制不完善，阻碍了卓越教师队伍的健康发展，不利于职业教育体系现代化的积极发展。[1]

2. 资源配置出现偏差

1999年大学扩招以来，中国高等教育经历了一次前所未有的跨越式发展，但与此同时，在这轮以规模为主的扩张中，我国高校又走向了另一个极端，即过度综合化，80%的学校办了80%的专业，千校一面的状况频出。根据不完全统计，地方高师院校非师范专业的设置占学校全部专业的比例已经达到60%到70%，非师范专业的在校学生也已经超过50%。这两大指标表明，地方高师院校的发展实际上也已经进入综合化的发展阶段。这就使得他们原本就有限的资源在非师范专业和师范专业争相需要配置时更加显得捉襟见肘。更严重的情况是，随着非师范专业数和在校生数的不断增加，地方高师院校往往很难做到资源的平均分配。原本就不足的教育教学资源还要被非师范专业分一杯羹，这势必会削弱

[1] 王慧，施志刚．高职院校“双师型”教师队伍培养的困境及其破解[J]. 现代教育管理，2018（11）：113-117.

地方高师院校教师教育的发展，同时使得卓越教师的培养雪上加霜。地方高师院校的综合化导致其人才培养理念和资源配置出现偏差，进而导致卓越教师培养过程中的计划阶段存在目标定位模糊资源配置。❶

3. 激励机制不健全

职业院校卓越教师激励机制不健全主要包括职称评定与工资待遇方面，职业院校在评审标准、评价制度上应有所规范与完善，职业院校教师在专业技术职务评审上应根据职业教育的自身特点设定标准，而不是片面追求教师的学术理论研究成果。❷职业院校在教师职称评审中只是以论文发表篇数以及刊登期刊的等级为标准，没有制定关于专业技能的考核标准，因此无法加强对教师专业技能水平的培养，也不能引起教师对提高专业技能水平的重视。另外，职业院校对于“双师型”教师培养不够重视，没有采取激励机制鼓励教师向“双师型”方向发展。薪资待遇、职称评审与晋升都没有将“双师型”概念融入其中，从而使职业院校教师加入卓越教师培养计划的积极性减弱。由于许多职业院校的教师职称都是独立的，没有与工程职称相关联，从而使专业教师无法在较短的时间内获得双职称，也就缺乏有效的“双师型”教师的认证标准。❸

一个组织内部，成员的任何行为都是趋利避害的，即都是为了获得某种利好或者是避免某种不利。所以为了将组织成员尽可能地发挥个人能力，为组织做出更大的贡献，必须实行激励机制。但是在激励机制方面，许多职业院校没有，或者很少采取激励措施，例如用额外福利、专项经费等来鼓励“双师型”教师提升自我素质。教师付出了大量的时间和精力，并没有从中受益，工作热情不高，这些激励方法根本起不到调动“双师型”教师积极性的效果。另外，教师工资福利的分配政策的分配制度与知识结构、学历结构脱节。实际上，许多职业院校的激励机制不完善，还没有建立起真正与“双师型”教师能力水平适应的激励机制，这在一定程度上打击了“双师型”教师继续提升个人综合素质的积极性。❹

良好的激励机制可以有效降低组织管理难度，帮助组织更好地完成预定目标。目前，我国应用型院校仍存在激励机制不健全的问题。首先，应用型院校教师的薪酬机制不合理，我国应用型院校教师薪酬较低，无法吸引优质教师。其次，我国应用型院校教师的福利待遇机制不完善。

在发达国家，教师的福利除了通常的五险外，还有个人进修补贴、工人购物券等，在休假方面有家庭假、军役假、法庭义务假等多种带薪假，另外部分院校允许连续工作七年以上的教师享受一年的带薪教育休假。我国应用型院校在教师福利待遇方面存在明显不足。❺

❶ 申晨 . 地方高师院校卓越教师培养的 PDCA 循环模式研究 [D]. 哈尔滨师范大学，2018.

❷ 丁远，吕承文 . 高职教师专业化发展：内涵·困境·策略 [J]. 无锡职业技术学院学报，2016，15（5）：14-16.

❸ 朱再英 . 高职院校卓越教师培养的路径与策略探析 [J]. 人才资源开发，2017（18）：114-115.

❹ 罗技科 . 高职院校“双师型”教师培养现状与对策研究——以浙江纺织服装职业技术学院为例 [D]. 宁波大学，2017.

❺ 李吉 . 多理论视角下的应用型院校教师队伍建设困境与出路 [J]. 教育与职业，2018（21）：87-90.

（四）卓越教师评价环节不到位

以评促改，是卓越教师培养质量保障的基本思路。卓越教师培养并非一个自我封闭的静态循环复演，而是一个反思实践、动态开放的螺旋上升过程。在该过程中，评价扮演着重要角色。本研究中的评价具有两方面含义：一个是对学生的学业水平及能力的评价，传统意义上的期中期末测试、对应届毕业生的培养质量进行评估、基于教育目的对生源质量以及培养过程进行的评估属于这类评价；另一层含义是学生对于教学、课程、教师等环节进行评价，定期组织的学生评教以及期中教学检查、教学评估属于这类评价。本研究主要针对学生评价以及学生评教，这两层评价含义进行分析。在卓越教师培养机制中，无论是哪个含义的评价，其目的主要不在于甄别，而在于诊断，为卓越教师职前培养的改进提供依据。但是，目前地方高师院校在培养卓越教师的过程中，评估这一环节大都不尽如人意。❶

1. 单一、线性的终结评价

当前我国教育实践中，对学生的评价仍以传统的评价为主，即以甄别为评价根本目的，以标准化测验与测定分数为主要评价方法，以纸笔测试为主要评价形式的单一、线性的终结性评价。这种终结性评价虽谈不上“一考定终身”，但同样存在诸多弊端。单一固化的评价形式忽视了学生的主体地位以及个体性差异；而片面狭隘的评价结果则限制了学生的多元发展、遏制了学生的创造性，同时不利于学生综合素质和能力的提升。

2. 流于形式的的学生评教

一方面，传统的学生评教通常都在期末进行，学期结束后再将信息传达给教师往往具有滞后性，至少当前学期上课的学生无法从中受益；另一方面，评教形式单一固化，多以大量选择题的形式出现，加之一些具体的指标也备受争议，使得很多学生对题目的理解不深刻，甚至出现胡乱选择的现象。这就导致学生参与评教的程度不高，学生评教主体性地位难以体现，评教结果不够客观，教学检查、教学评估流于形式，难以做到贯穿学生培养的全过程，也未能起到切实的作用。调查显示，学生普遍认为评教具有重要意义，也会定期地参加评教活动，但是评教的形式和内容千篇一律，且大多不会收到结果。由于学生评教多与学生成绩查询或者选课挂钩，即不参与评教就无法查看自己的成绩或者进行选课，所以一些学生把参与评教当作“完成任务”，导致评教结果的客观大打折扣。❷

四、职业院校卓越教师培育教师自身原因

2016 年《中国高等职业教育质量年度报告》数据显示：我国高职教师师资数量不足，部分院校生师比超过 20 ：1，个别达到 40 ：1。部分专业教师因教学任务繁重客观上没有精力去企业锻炼或从事技术研究和社会服务工作。但还有相当一部分教师因缺乏相应激励机制和科学的职业生涯规划指导，在主观上自主发展意识不强，安于现状，得过且过。❸

❶ 申晨．地方高师院校卓越教师培养的 PDCA 循环模式研究 [D]. 哈尔滨师范大学，2018.

❷ 申晨．地方高师院校卓越教师培养的 PDCA 循环模式研究 [D]. 哈尔滨师范大学，2018.

❸ 赵玲珍，袁红萍．基于推进职业教育现代化的高职院校教师发展中心建设研究 [J]. 教育现代化，2018（44）：124-127.

（一）教师来源问题

国务院《关于加快发展现代职业教育的决定》（国发〔2014〕19）号指出：我国职业院校教师队伍整体素质不高，“双师型”教师总量不足。据《中国高等职业教育质量年度报告（2015）》显示：高职双师素质教师所占比例为59.20%，虽呈现向好趋势，但“双师型”教师数量不足、专任教师生产实践经验欠缺，仍然是制约职业院校人才培养质量提升的瓶颈之一。而职业院校教师大多来自高校毕业生，从学校到学校，没有受过正规的师范教育，更没有接受过专门的职业技术师范教育或培训，专业知识系统性、教学的专业性，特别是实践教学能力较为缺乏。❶

目前，我国职业教育教师来源渠道比较广泛，主要有普通师范、普通高校、职业技术师范院校的毕业生，愿意从事职业教育的工矿企业技术人员，职业学校的留校生，从社会聘任的兼职教师等。但由于我国职业教育教师准入标准不规范，准入制度不健全，很难保证师资的质量和水平。甚至一些不符合职业教育教师条件的人也混进了教师队伍。同时由于诸如人事制度等方面的阻力，一些高素质的专家型的能工巧匠，通过正常渠道无法进入职业教育教师队伍。在兼职教师的管理和使用方面，尽管《职业教育法》对兼职教师的评聘作了规定。但由于缺少兼职教师使用和鼓励的政策依据，以及职业教育教师的地位及待遇不高，个人发展空间受限制等，缺乏对优秀技术人才的吸引力，造成其他渠道尤其是从生产一线来的技术骨干进入职业教育教师队伍难或者不愿意当兼职教师。这种来源单一的局面如果没有制度上的突破，近期内恐怕很难打破。❷

（二）教师自我追求意识薄弱

教师自身的主观追求，是教师发展的内因，是能否成为卓越教师的关键因素。教师的主观意愿是否坚定、是否持久、是否强烈，都是主观追求可能变化的原因。教师主观因素的变化是难以预料和控制的，从根本上限制着培育机制的作用范围。职业精神是职业院校教师发展的强大动力，是教师形成职业价值理念、行为操守的精神力量。由于社会对职业院校认同度低，影响了职业院校教师对自我职业的信念，很多职业院校教师疲于应付职业院校教学，把职业院校教学仅仅当成维持生存的工具和手段，并没有形成职业信念。对职业院校教学没有热情和动力，对所从事的工作没有责任感、成就感和存在感。甚至厌倦职业学校的教学，这一现状严重影响了卓越教师发展之路。❸卓越职教师资之所以内驱力不足，主要原因有三：一是工资待遇问题。随着地方性财政奖励“轻职重普”现象导致的普、职高教师收入差距失衡，职业学校教师待遇水平更是普遍偏低，严重制约了教师成长的主动性、积极性，而且导致职校人才流失严重；二是社会名誉度不佳。传统的社会观念对职业教育认识不足，并认为乡村职业学校一般是成绩差的学生聚集的地方，因而他们认为在

❶ 赵玲珍，袁红萍.基于推进职业教育现代化的高职院校教师发展中心建设研究[J].教育现代化，2018（44）：124-127.

❷ 李大寨.我国职业教育教师培养培训模式研究[D].西北农林科技大学，2012.

❸ 曾茗.高职教师专业发展的生态学思考[J].哈尔滨职业技术学院学报，2018（2）：43-45.

这里工作的教师一般比普通院校的教师水平低，这对部分职业教师的心理造成极大的冲击，最终造成了教师的大量流失。三是"官本位"的学校教师管理。"官本位"的学校管理思想在乡村中职学校中盛行，长期以来，各院校已习惯于政府的全面干预，强调行政控制，缺乏为广大普通教师、家长、学生服务的激情与动力。学校内部的行政管理更是凌驾于教育教学之上，无形中打击了教师的工作积极性。

（三）教师对自身专业发展认知不够

"教师专业发展"包含两个方面：一是指教师的专业成长过程；二是指促进教师的专业成长过程（即教师教育）。本研究主要探讨第二种，即促进职业院校教师的专业成长的过程。随着科学技术的发展、互联网的普及、社会的进步、终身教育思潮的兴起，高等职业教育也在不断丰富着自身的内涵和外延。尤其是互联网与教育的深度融合，给高等职业教育带来了前所未有的机遇与挑战。职业院校教师不再沿用传统的讲授和教学模式，传统的"黑板＋粉笔""多媒体 +PPT"为主的教学模式正在慢慢被淘汰，取而代之的是微课、幕课、翻转课堂等现代教学模式。在互联网时代，对于职业院校教师的素养也提出了新的要求，要求职业院校教师不断更新和转变教育理念，更新教学方法和手段，树立终身学习理念，加强继续教育，主动适应新形势下职业院校教育发展的各种需求。

可以说，在职业教育领域，尤其是职业院校教育领域，对教师专业能力的重视程度日益提高，对职教教师专业化水平的要求也越来越高，职教教师专业化日益受到重视。但是，就大部分职业院校的教育现状来看，教师本身对于专业发展的认知度并不高，没有意识到自身专业发展能让自己具备更强的职业能力，在现代社会中更加具有竞争力。大部分教师都是在校期间接受高等教育，之后进入职业院校学院从事教育活动，都是被动接受一些不系统的培训或者偶尔获得进修的机会，通过对陕西省宝鸡市职业院校教师的调查和访谈可以得知，有的教师对于偶尔的在职培训或被派外出进修，都没有很大兴趣，本人缺乏主动性，这都折射出教师们对自身专业能力的提升不够重视。[1]

（四）教师科研动力不足

研究水平的高低，对推动行业的健康可持续发展起决定性作用。我国职业教育教师培养研究水平相对较低、研究能力不强，还不能适应职业教育快速发展对职业教育教师的需要。也就是说，在职业教育教师发展战略性、全局性、前瞻性的深层次问题和宏观决策问题的研究还很不够；研究职业教育教师对解决职业教育面临的重大问题和职业教育整体性课题还不够深入；调查研究、跨学科研究和国际比较研究，创新科学研究方法方面还比较薄弱；在职业教育教师的基本定位、培养培训体系、管理体制、办学机制、培养培训模式、基础制度、技术标准等国家层面的重大政策问题、实践问题和理论问题研究上还没有大的突破；各级职业教育研究部门缺乏统一的协调和组织，各自为战；还没有形成一批能服务国家经济社会发展和职业教育改革发展，具有战略性、宏观性、前瞻性的重大理论研究成

[1] 魏佳晶．陕西省高职院校师资队伍建设研究 [D]. 西安建筑科技大学，2017.

果。教师是一个教书育人的职业，如何教书如何育人是以教师发现问题和解决问题的能力作为基本保障的。师范生是未来教师队伍的生力军，在本科阶段培养师范生具有教学研究意识，是高师院校培养“教书匠”还是“教育家”的关键所在。本科生参与科研在国内高校并不多见，但在国外研究型大学却是普遍现象。教学和科研在师范生培养过程中如人的左手和右手，是相互成就相互融通缺一不可的。培养研究型教师已经成为了新时期教师培养目标中不可或缺的一部分，能够在教育教学过程中不断地发现问题、分析问题、积极研究和解决问题的教师，才能在不断地反思与改进中提升教育教学水平。因此培养师范生具备一定的科研意识和能力是培养卓越教师的必经之路。但是，当前地方高师院校在培养师范生的教育科研能力方面存在很大的问题，重教学而轻科研的现象屡见不鲜，除了学生毕业论文之外，很少对师范生的科研素质进行系统的、科学的训练。调查显示，仅有五分之三（59.74%）的学生认为有机会参与并协助老师完成科研项目；近三分之一的学生认为学校在鼓励学生进行创新实践时应该做出更多努力；有 33.41% 的学生认为学校在注重培养学生的独立研究能力，鼓励并引导学生申请科研项目时表现不佳。因此，当下师范生培养过程中，需建构师范生科研能力形成的合理机制。❶

职业院校师资来源的多样性导致校园的学术氛围无法形成，教学科研气氛薄弱，对教学规律的探讨深度不够。作为一所职业院校，浓厚的学术氛围和优势专业，是其立身之本，比其他学校更具有竞争优势。首先职业院校与普通高校相比，普遍缺乏科研带头人，除了个别的创办者和少量聘用的离退休教师外，职业院校缺乏有影响力的学科带头人，科研能力相对较弱。其次，作为职业院校师资队伍主要力量的教师，离退休教师。这些老教师虽然有丰富的教学经验，但是知识结构陈旧，对新知识、新技术的接受较慢。中青年教师大多由于经济原因而无法从事相应的科研工作。由于民办职业院校的工资大部分来源于上课课酬，再加上年轻教师的教学经验不足，往往需要更多的时间来备课、上课。这样一来致使很多年轻老师将绝大多数精力都用于教学，也就没有太多的时间和精力来搞科研和写论文了。因此普遍缺乏科研意识和科研能力。❷科研能力是职业院校教师专业发展的重要途径。职业院校卓越教师科研能力不足，一方面是很多职业院校教师普遍认为职业院校办学水平低，学生素质差，无法施展自己的教育教学能力，整日操作一些形而下的知识，逐渐丧失对教育科学研究的兴趣。另一方面随着职业院校招生规模的扩大，职业院校教师所任课程繁多，没有时间和精力总结和反思自己的教学。同时，有些职业院校重实践轻理论的现象十分突出，否定理论知识在职业院校教学中的重要作用，从而导致对卓越教师科研能力不强，阻碍了卓越教师进一步发展。❸

❶ 申晨．地方高师院校卓越教师培养的 PDCA 循环模式研究 [D]. 哈尔滨师范大学，2018.

❷ 李珊珊．山东省民办高职院校师资队伍建设面临的困境与改革的措施 [D]. 山东师范大学，2013.

❸ 曾茗．高职教师专业发展的生态学思考 [J]. 哈尔滨职业技术学院学报，2018（2）：43-45.

本章小结

本章通过对职业院校卓越教师培育现状进行分析，认为目前制约职业院校卓越教师发展的主要生态管理困境是标准缺失、制度不完善、职后发展环境不理想、自身存在原因等。职业院校卓越教师培育只有制定明确合理的评价标准，才能有效地确定教师发展的目标和方向；只有提供学校生态系统内和生态系统外完善的制度保障，才能促进职业院校卓越教师快速成长；只有营造良好的职后发展环境，才能形成职业院校卓越教师培育的良性循环；只有深入分析不同教师的内在阻碍因素，才能更好的带动教师追求卓越发展的理想。

第四章　职业院校卓越教师精准培育生态管理模式

美国国家教师教育资格委员会主席阿瑟·怀斯（Arthur Wise，1995）曾对未来教师所需要具有的知识与技能做过一个表述："教师应当能够运用策略来发展批判性思维与问题解决意识。他们应当能够使用正式的信息评估策略，以确保学生不断地学习。他们应当精通教育技术，包括使用电脑和其他用于教学和学生评价的技术。未来的教师应当在课堂管理方面富有技巧，并能与家长及其他群体合作。他们应当熟知并且运用那些以科学研究为基础的、已被实践证明卓有成效的教学实践。换言之，教师应当能够解释为什么他们决定采用某种特定策略或教授某种特别的思想。总之，教师应当展示自己的能力、必要的知识及达标的熟练水平。"[1]达到卓越教师的培养目标可以通过学历提升、技能竞赛、师徒制、校企合作等几种模式的综合运用而实现。

一、基于学历提升的卓越教师培养模式

内部动机是教师学历提升的主要动机，文化氛围影响教师学历提升，目前学历提升教育呈现粗放型和机械化的特点，学历提升对教师的影响表现在：提高了理论和研究素养、丰富了学科知识、培养了学习的能力、积累了教师资源。

（一）激发教师学历提升的内在动机

学习动机是"唤起个体进行学习活动引导行为朝向一定的学习目标，并对此种学习活动加以维持、调节和强调，对于学习具有自我选择性、自我指导性和自我成人，有着成人学习的自我控制性。教师学习动机和学生的学习动机有所不同，它是指引导并维持教师目标朝着预期目标前进的一种内在的历程，是推动教师进行专业学习和专业发展的内在原因。教师学历提升教育体现教师进行专业学习的主动性和超越性。教师学历补偿教育是由于在特定的历史背景下，教师学历不达标，为了使教师的学历达到国家对教师任职学历标准的最低要求而实行的教育，这种教育具有被动和潜在的强制性。而教师学历提升教育是在教师学历达标的前提下寻求更高学历的教育。对于H职业学校的W老师来说，她的初始学历为研究生，按照规定，她的学历已经达到并超过了要求，所以追求更高层次的学历不是必需的。W老师迫切想提升学历是源于强烈的内部动机，因为在教学实践中遇到很多的教育问题，自己无法用理论去解释和解决，这个时候她迫切想要继续学习，追求更多的理

[1] Wise，A.（1995）.NCATE' semphasison performance[J].NCATE Quality Teaching，1995，5：1-12.

论知识。P 老师也遇到过类似的问题，初始学历中学到的理论在实践应用中碰壁，实践中产生的问题又急切需要理论的指导，学历提升的愿望就非常的强烈。

（二）营造良好的学历提升文化氛围

教师学历提升是教师学习的一种重要的途径，教师学习区别于学生学习的一点就是教师学习面临着工学矛盾的压力。所谓“工学矛盾”，是指成人在工作时间和工作之余的学习中遇到的各种矛盾和冲突。它是在社会发展对劳动者的知识与能力提出更高要求的背景下产生的，是社会发展进步过程中出现的新问题。教师的在职学习存在非常严重的工学矛盾问题。有学历提升需求的或者有学历提升意愿的教师大部分是年轻教师，而年轻教师又是学校的骨干，教学、行政和科研的压力非常大，能够用于学习的时间很有限且很分散。同时，年轻教师在家庭里面扮演着顶梁柱的角色，家庭压力很大。在如此严重的工学矛盾的情况下，能够顺利地进行学历的提升缺少不了外部力量的支持。学校的文化氛围对于教师的工作和成长非常重要。如果学校的文化是开放的、自由的、学习型的，那么教师就有获得学历提升的机会。同样，文化氛围厚重的家庭会在潜移默化之后强化家庭成员学习的意愿。

（三）充分发挥在职研究生学历提升特点

在职研究生属于成人高等教育的一部分，成人可以通过这种方式来获得更高层次的学历。相比全日制的脱产学习，在职研究生的学习方式更适合在职教师。首先是学习时间上的安排，可以缓解工学矛盾带来的压力。在职研究生的集中上课时间在寒暑假以及周末或晚上。这与教师的工作时间错开，避免耽误工作。选择学历提升的教师一般都已经离开学校一段或者更长时间了，他们的文化课水平相比全日制在校生来说，显得很薄弱，如果选择脱产读全日制的学校，入学考试就比较困难。而在职研究生的考试相对来说，无论是从考试的内容还是考试的形式，都比较适合在职教师。

在职研究生的学历提升模式，普遍存在的一个问题就是培养的“粗放型”和“机械化”。究其原因，主要有以下三点：第一，沿袭了师范教育的弊端。师范教育为国家的基础教育培养了大批的师资，做出了很大的贡献。但是，目前它的弊端也很明显，主要表现在课程的僵化上。大部分的师范院校还沿用着教育学、教育心理学和教学论的“老三门”。教学方式还是以灌输为主。这种培养模式被直接移植到在职教师的学历提升教育上来，使得培养没有针对性，很粗放和机械。第二，学习时间的限制。在职教师的学历提升，受限于有限的学习时间。一个暑假就要把一个学期的所有课程学习完，质量难以保证。第三，学历提升教育的要求相对较低。在考试和论文答辩等考核方面，相对于全日制学生来说，要求比较低。第四，缺少实践能力的同步提升，学历提升对职业院校的教师来说，一大弱点就是没有得到实践能力的提高。

由在职教师组成的学习共同体有着独特的特点。他们都有着丰富的教学经验，来自不同区域不同类型的学校。多元化的学科与学校文化背景对于教师的成长非常重要。在学习中获得的人脉资源对以后的教育教学生涯的影响将不断持续。

学历提升是指在职教师在达到教师任职学历标准之后而进行的更高学历的学习，以获得更高学历的过程。学历提升既包括为了提升而进行学习的过程，也包括提升的结果。首先，在职教师进行学历提升动机可以分为外部动机和内部动机。教师任职学历标准的要求、学校文化和家庭文化资本是教师进行学历提升的外部动机；自我提升的需要是教师学历提升的内部动机。其次，由于学习时间、学校政策和自身文化基础的限制，在职教师一般选择在职研究生等不脱产的学历提升方式。再次，由于没有根据在职教师的特点来设置课程、考核和评价，使得现在学历提升的培养过程非常机械化。最后，教师的学历提升对教师理论和研究素养的提高、学科知识的丰富、学习能力的培养和教师资源的积累等方面具有积极的影响。

（四）积极开展有效学历提升行动

学历提升作为教师学习的重要模式，对于教师的专业成长具有重要作用。因此，基于对教师学历提升经历的访谈，提出以下几点建议：

1. 保护好教师学历提升的内部动机

在满足国家对教师学历基本的要求之后，部分教师有很强的内部动机去获得更高层次的学历。但是，在职教师的压力很大，大部分学校需要教师坐班，教师自由支配的时间很少。教育行政部门和学校要保护好教师可贵的学习动机，为教师的学历提升教育创造条件。比如，轮岗学习制，让每位教师都有机会脱离现有岗位长时间全身心的学习。在教师学历提升的过程中，学校可以在课时等方面给予减少，减轻工作压力。

2. 改善教师学历提升教育的模式

在职教师进行学历提升的主要途径是读在职研究生，但是现在这种途径的学习模式都存在一些问题。这些问题可以分为培养单位、授课教师和在职教师三部分。对于培养单位来说，对于在职研究生重视不够，所以在课程安排和师资选配方面缺乏慎重考虑。导致安排不了一线教育教学的教师给在职教师授课，结果就是在职教师认为高校的教师水平不行，学习积极性受到打击。对于授课教师来说，即使是经验丰富的老教师，如果不从具有丰富一线教学经验的在职教师角度去备课，在课堂上就无法让在职教师与其产生共鸣，授课效果就会大打折扣。对于在职教师来说，学习时间无法保证，无法保质保量完成作业，甚至有想混一张文凭的老师，这些都是需要改善的。

3. 建立教师学习共同体

基于教师学历提升教育建立教师学习共同体，促进教师专业化发展。教师学习共同体是教师基于共同的目标和兴趣而自发组织的，旨在通过合作、对话和分享性活动来促进教师专业发展的团体。来自天南地北的在职教师汇聚一起，大家有着共同的愿望，想获得更高层次的学历。打乱学历、打乱学校、打乱地域，组成一个有着多元文化背景的教师学习共同体。多元文化的背景带来多元的思考，对于职业院校卓越教师的个体成长特别重要。

二、基于技能竞赛的卓越教师培养模式

职业院校技能竞赛赛项内容紧贴行业企业岗位需求和最新技术，代表了行业发展的最前沿方向，从而引领学校的教学改革，同时也推进了职业院校师资队伍的建设。文章主要以L职业技术学院为例，探索技能竞赛对职业院校教师在育人理念、教研能力、实践能力等方面的促进作用。

（一）以技能竞赛改变教师职业教育人才观

长期以来，社会对职业教育的认识存在着明显的误区，认为职业院校的学生都是高考的失败者，与普通高等院校的学生存在着智力和能力上的差别。甚至有些职业院校的教师，由于自身来自于985、211等高等学校，也误认为职业院校的学生是差生，基础差，没有培养前途，造成教师的自信心缺乏，对学生失去信心。但随着近几年国家对职业教育越来越重视，特别是近年来每年一届的职业院校技能竞赛的成功举办，职业院校的学生获奖层次越来越高，就业质量越来越好，甚至超过了部分普通高等院校，社会对于职业院校学生的认识发生了重大改变。职业院校教师在指导学生参加竞赛过程中逐步发现职业院校学生与普通高校学生相比，并不是智力上有差异，而是在智力类型和智力结构上存在差异。职业院校与普通院校的培养对象在智能类型上的差异，决定了两类教育培养目标的差异——社会所需要的不同类型的人才，因此它们是两类不同类型的教育。[1]教师通过指导学生参加技能竞赛，重新审视了职业教育，改变了传统的职业教育人才观，对于培养学生成长成才起到了积极的作用，同时也坚定了培养职业院校高素质技术技能型人才的决心。[2]

（二）以技能竞赛促进教师实践能力提升

职业院校技能竞赛项目内容紧贴企业岗位需求和行业产业的最新技术，代表着最新的生产力的发展方向。职业院校的教师部分来自普通高等学校，基本上都是从学校到学校，没有经过企业实践锻炼，实践能力相对薄弱。虽然国家有关部门通过制定教师岗前培训计划，引导教师参加企业顶岗实习，从一定程度上促进了教师的实践能力水平的提高。但是，企业在没有政策引导的情况下，很难真正地吸纳职业院校教师去企业实践。职业院校技能竞赛相关赛项由行业企业技术人员和专家共同研发，企业是行业内的龙头企业，技术人员是企业的顶尖人才，专家是相关教育领域的带头人，这就决定了竞赛的高层次、高质量性。以全国职业院校技能竞赛为例，为适应“中国制造2025”，竞赛新增工业机器人赛项、工业模具赛项。针对国家提出的“互联网+”，新增了“云计算“和”4G全网建设”赛项。职业院校教师通过参与并指导竞赛，可以接触到行业最新技术和产品。通过赛前接受技术培训、指导学生训练，赛中配合参赛企业技术人员调试设备，赛后将竞赛成果融入日常教学，全方位得到了锻炼，教师的教学实践能力和技术应用能力得到快速提升。[3]以全国职业院校技能竞赛“云计算”赛项为例，竞赛内容包括对云平台架构的设计、系统部署、功能拓

[1] 姜大源. 职业教育学基本问题的思考 [J]. 职业技术教育，2006（1）.

[2] 周丽娟. 大数据时代下的当代职业教育研究 [J]. 湖南邮电职业技术学院学报，2015（12）.

[3] 李术蕊. 竞赛助推天津职业教育不断升级 [J]. 中国职业技术教育，2015（22）.

展、维护及管理，以实现计算资源的池化弹性管理，企业应用的集中管理，统一安全认证和授权管理，内容涵盖了IaaS平台、PaaS平台、云存储网盘客户端APP的开发等最新技术。所选用的开发平台和硬件设备也是行业龙头企业产品和规格标准。专任教师在参与技能竞赛的过程中，为更好地辅导学生，就促使教师自身首先掌握各种前沿技术知识、各种设备的使用、竞赛综合方案的制定与设计。可见，通过技能竞赛，教师接触并掌握到最新技术知识，增强了教师的实践能力水平，提升了教师的“双师”素质。同时，教师也会把最新的知识和技术融入到日常的教学过程中来，提升了课程教学效果，提高了人才培养质量。

（三）以技能竞赛促使教师教研水平提高

职业院校技能竞赛赛项内容对接岗位需求，对接行业企业最新技术，但对于职业学校来说，并不能直接把行业最新技术应用于教学，需要教师对新技术、新知识进行研究、加工，转变为学生能够容易接受的知识和技术。这就要求专任教师要不断地加强教学研究，提升自己的教研水平。

1. 教师教学研究水平的提升

技能竞赛为职业院校教学改革指明了方向，竞赛结果是教学效果的最直接的反映。教师在日常教学中，应以竞赛为抓手，在专业定位、课程设置、教学方法和评价方式等方面进行改革。教师通过研究对接竞赛内容，把竞赛的内容融入到课堂教学中，对课程内容进行改革。改变传统的以教师讲授为主的课堂教学方式，变为以学生为中心的教学方式。引入项目教学法，变“教、学、做”为“做、学、教”。改变以往教学中“重实践、轻理论”的理念，变为“实践理论并重”。通过一系列的以技能竞赛为抓手的教学改革，教师的教学理念、教学能力、教研能力都得到了很大提升，促进了教师的自身发展。

2. 教师综合知识水平的提升

技能竞赛考核的不单单是独立的知识点，而是对知识能力的综合考核，需要对项目进行整体设计与分析。教师在指导学生参加竞赛时，首先就要提升自己对竞赛项目综合掌握能力，包括对整体设计的把握能力、对行业规范的理解能力、对评价标准的掌握能力。同时，许多赛项也不是单纯地考核某一专业的内容，有可能是以某一专业内容为主，另外相近专业内容为辅。这就要求教师不光对本专业有着精准的把握能力，而且对于相近专业也应该有所了解。以全国职业院校技能竞赛“云计算”赛项为例，竞赛内容是给出云安全平台的拓扑图及IP地址表，按要求进行规划部署，这就需要具有项目整体把握能力，能够根据拓扑图分析出物理连接方式。同时，在操作时，要严格按照相关的规范来进行，如：YD/T2441-2013互联网数据中心技术及分级分类标准、YD/T2543-2013电信互联网数据中心（IDC）的能耗测评方法等。另外，竞赛规程中给出了相应的评分标准，这就要求教师必须熟练掌握评分标准，并应用到实际的指导和教学中。竞赛还要求搭建Android开发环境、导入基础工程案例等，涉及软件技术的有关知识，这就要求教师不光掌握网络专业知识，同时对相近的软件技术专业知识也要熟知。

（四）以技能竞赛促使教师重视德育教育

国务院《关于加快发展现代职业教育的决定》中明确指出，要坚持以立德树人为根本。现代职业教育体系建设规划（2014—2020年）强调，加强职业院校德育工作，积极培育和践行社会主义核心价值观。[1]职业教育作为一种类型教育，占据了教育的一定地位，职业院校更应把德育教育放在首位。然而，部分职业院校往往侧重于培养学生的专业技能，而忽略了学生德育的培养。全国职业院校技能竞赛，不光是技术技能的展示，同时也是学生精神风貌的体现。和全国职业院校技能竞赛同时举办的职业院校德育工作会议，推动了德育工作的开展，同时也充分体现了技能竞赛这一活动的育人功能。教师在参与和指导学生竞赛过程中，把德育工作充分融入其中，德、技并重。注重培养学生如何做人、如何做事。培养学生克服困难的决心和信心，培养学生团队精神。教会学生树立正确的人生观，教会学生做人的基本要求，教会学生如何处理个人与他人的关系，个人与集体的关系。而作为主导地位的教师，要树立德育为主的理念，并在实际的竞赛指导工作中发挥德育的重要作用。另外，职业教育最显著的特点就是实践性，因此职业教育的德育也有其实践性。[2]要处理好实践与德育的关系。教师在指导竞赛的过程中，要以自己的个人行为、职业精神影响着学生。而学生也要把职业精神、个人行为融入到实践中。通过技能竞赛，使教师充分认识到学生德育工作的重要性，更加注重学生德育的培养。

通过技能竞赛，教师实践能力大大提升。L院教师先后开发了《L职业技术学院单招报名系统》《院级办公OA系统》《L市人大履职管理系统》《L汽车信息管理平台》等项目，并获得了软件著作权。近几年教师发表核心论文5篇、国家级论文12篇。教师获得：全国职业院校技能竞赛优秀指导教师二等奖2次、三等奖3次；省级优秀指导教师一等奖3次、二等奖5次；全国职业院校信息化教学竞赛二等奖1次、省级二等奖2次；全国多媒体课件制作竞赛一等奖3次，二等奖2次。技能大赛是国家层面职业教育改革的一项重大举措，“以赛促教、以赛促学、以赛促改、以赛促建”的大赛理念已经深入人心。大赛有力地促进了职业院校教师在育人理念、实践能力、教研能力等方面的提升，推动了教师的成长，保障了专业建设的改革，有力地促进了职业教育的发展。[3]

三、基于师徒制的卓越教师培养模式

对于职业院校卓越教师的成长而言，一定程度上，师徒制是对教师职前教育与在职培训不足的一种弥补，逐渐成为教师成为卓越教师的必备课程。此种情况下，师徒制发展成为一种常规毋庸置疑其有效与合理性。师徒制，也可称为“以老带新”“传帮带”，是一种师徒结对的教师培养模式，师徒制的确定，一定程度上为教师创造了经验学习的真实教

[1] 教育部．教育部等六部门关于印发《现代职业教育体系建设规划（2014—2020年）》的通知[DB/OL].http：//www.moe.edu.cn/publicfiles/business/htmlfiles/moe/moe_630/201406/170737.html，2014-6-16.

[2] 徐桂庭．德育技能竞赛之魂——访教育部职业教育与成人教育司巡视员王继平[J].中国职业技术教育，2015（22）.

[3] 岳宗辉．技能竞赛提升职业院校教师综合能力的研究与实践[J].湖南邮电职业技术学院学报，2017（6）.

学环节，作为一种经验方式备受关注。职业院校在教师培养过程中，应用师徒制，主要是利用协约“师傅”（即指导教师）方式，一对一指导培养潜在卓越教师，以此帮助教师快速提高自身专业素质与应用技术能力，这种教师培养措施与制度就是师徒制。根据任职资格，在政治思想道德及科研等方面，通过层层选拔的“师傅”，有较强的应用技术能力，还有相关行业任职资格证与企业工作经历；结合结对培养内容，全面指导的同时，重视教学与实践应用的结合，重视培养师傅与徒弟间的应用技术能力。[1]

（一）指导教师的选拔与培养

每个教师都可能会成为卓越教师，但是这些潜在的卓越教师，需要有指导老师去引领。鉴于潜在卓越教师的心理特点与知识特点，指导教师应是热情、富有奉献精神、教学经验丰富的卓越教师。首先采取自愿的原则，让有意从事新教师指导工作的教师报名，紧接着按教学表现、所教学科选拔适合的指导教师。为了让指导教师更积极主动地参与到指导工作中，应采取一系列措施提高他们的积极性，如给指导教师提供一定的指导津贴。对指导教师进行专门培训，让他们不仅可以获得指导新教师的方法，还拓展他们的教学视野。

指导教师不仅要关注潜在卓越教师的教学表现，还要给予教学理论支持，要与他们进行交流研讨，提供指导性的意见。因此，他们的卓越教师入门指导计划中应包括“导师培养计划”。这种培养计划应是多方合作、共同参与的结果。要明确潜在卓越教师的指导需求。指导教师培养计划的经费，组织并实施指导教师的培训工作。通过前期培训与后期的定期培训会议，明确指导教师的重要工作，促进他们掌握教学指导方法，交流彼此间的指导经验，对指导教师的成长发挥重大作用。指导教师通常在开学前一星期接受系统培训，了解、熟悉指导教师的角色。然后，学期中每周都要花一定的时间参加指导教师专题研讨会。研讨会除了鼓励指导教师提出问题、交流经验外，还组织指导教师提供有关教学的指导，帮助指导教师澄清信念，形成共识，理解指导潜在卓越教师的真正含义。

（二）指导教师在师徒制中的责任

师徒制中的指导教师，不是让潜在卓越教师感到压力的监督者、榜样，而是他们的朋友、支持者、问题解决的参与者、指导者。指导教师不仅要帮助潜在卓越教师，还要影响他们的教学；不仅要帮助他们学会教学，还要帮助他们学会从质疑自己的教学中获得知识和专业技能；不仅要帮助他们发展关于教学与学习的知识和专业技能，还要帮助他们了解自己，找到适合自己的教学风格。基于此，指导教师在指导过程中负有以下责任。

1. 与潜在卓越教师建立平等的朋友关系

指导教师与潜在卓越教师之间的关系首先是朋友的关系，其次才是指导、帮助的关系。良好关系的建立，主要通过指导教师与潜在卓越教师的双向自由选择来实现。在初期，潜在卓越教师与指导教师观察熟悉彼此的人品、素质、教学等，然后自主决定他们意向中的对象，这会让师徒关系更密切、更有建设性。学校可以通过讨论会来关注潜在卓越教师与

[1] 黄达颖，袁玲. 高校青年教师师徒制培养的探讨 [J]. 智库时代，2018（6）.

指导教师的想法，让双方说出对指导过程的想法，甚至允许他们对指导过程中的政策、措施进行表决。

2. 给予潜在卓越教师精神上的支持

指导教师应是支持而不是监督。潜在卓越教师的工作压力很大，通常非常重视教学，设定了很高的目标，同时又会由于没有达到预期而陷入沮丧。在这种情况下，一方面，指导教师有必要指出所有的潜在卓越教师都有类似的经历、阶段，从而减少他们的压力与沮丧程度；另一方面，要提供有效的帮助，让他们尽快地走出阴影。指导教师在给予建议的同时，还应当有认同、表扬的话语，以增强他们的信心；随时关注他们的进步，及时给予针对性的肯定反馈，而不是泛泛的表扬。上述做法可以维护潜在卓越教师的心理需求与情感需求，让他们树立一定的信心，明了自己的进步及需要进一步学习之处。

3. 注重不定的教学事件的指导

不定的教学事件，是指有多种解决方案或多种可能结果的教学事件。它可以来自潜在卓越教师、指导教师和其他教师的课堂教学，也可以来自网络、著作、期刊等，甚至可以是指导教师设计的教学案例。专业领域中的问题实际上是特定情境中的问题。因此，指导教师要引导潜在卓越教师，将其注意力限定在特定情境之中，帮助其分析特定情境，明确问题出处及表现，提出解决的方法及依据。指导教师应注重引导潜在卓越教师思考不定事件后的多种可能的教育原理，如学习评价、教师责任、学生的个体差异等，并将理论知识与实践经验有效联系起来，促进潜在卓越教师的知识整合。

4. 外显潜在卓越教师的思维过程

指导教师不仅自己要明了潜在卓越教师的思维过程，还要确保潜在卓越教师了解自身的教学表现。首先，指导教师要不断地反思自身教学工作与指导工作，并外显示范这些反思过程，将其模式化，与潜在卓越教师共同分享。其次，指导教师在讨论交流过程中不应将潜在卓越教师看成是完全的新手，要看到并鼓励他们的个人独特的知识与技能。最后，指导教师要不时地让潜在卓越教师描述他们正在做什么、是如何想的，以及这样想或做的理由是什么。指导教师可采取循序渐进的方式提问。起初，提一些开放式的问题，以鼓励潜在卓越教师讨论他们此时的想法。接着，提一些刺探性的问题以明确他们的真正意图，帮助他们澄清观念，确认隐含在其中并能运用到其他情境的一般原理。如“你在想什么？”“（教学）进行得怎么样？”“为什么（教学）会这样？”“是什么导致这种现象？”“接下来怎么办？”“你准备采取什么策略或方法？”同时，指导教师在外显潜在卓越教师的思维过程中要注意自己的提问方式，以免潜在卓越教师对自身进行负面评价。

5. 促进潜在卓越教师的自我发展

潜在卓越教师在入职期间的学习不仅要适应教学工作，还要促进今后的发展。因此，指导教师要做到留有一定空间让潜在卓越教师自己成长。以往指导教师习惯于在边上观察潜在卓越教师的教学或其他工作以及时给予支持，这无助于潜在卓越教师反思自己的失误，重建教学的信心，相反会增加他们的压力，打击他们的信心，妨碍他们发展适应新环境、胜任工作的能力。指导教师要给他们足够的空间，协助他们认识自己的教学方式，发挥自己的长处。指导教师应提供间接的、不确定的建议。可以提一些不带明确对错判断的问题，倾听潜在卓越教师的观点，最后给出间接的建议；可以提供、解释、澄清所观察到的课堂事件，然后给出不确定性的建议，如"也许、大概、可能、恐怕"等；可以通过提问引出新的观点，或引出两种可能性的答案，但指导教师应表明倾向于其中一种；也可以通过举一些听过的、看过的或经历过的例子来提出建议。指导教师要提供更多的工作机会和资源，让潜在卓越教师了解学生活动的组织策略、顺利教学的策略，逐步将他们带进复杂的情境中，让他们适应、反思、发展教学知识与技能。

（三）潜在卓越教师在师徒制中的责任

师徒制中的潜在卓越教师不再是追随者、接受者，而是问题解决的发现者、参与者。他们不再被动学习，相反要自己主动思考，从而达到自我调适、自我发展。

1. 积极参与师徒制

潜在卓越教师在学习活动之前，要做好学习准备、确定学习目标、制定学习计划、选择学习方法。在学习活动中，要对自己的学习过程、学习状态、学习行为进行自我观察、自我调节、自我审视。在学习活动之后，对自己的学习结果进行自我检查、自我总结、自我补救。

2. 有意寻找复杂、不确定、新奇的教学事件

潜在卓越教师成长意味着不仅能处理常规事件，而且还能处理意外的事件。研究显示，专家教师往往把自己看作"精通的新手"。他们虽然在面临新异问题时会感到困惑、沮丧，但很快会把此当作学习的机会，表现出对新异问题的兴趣、好奇，进而探索未知现象，获得新知。因此，除了指导教师提供不定事件外，潜在卓越教师也要善于寻找、乐观面对新异的教学事件。只有这样，才能学会如何处理并发展出除常规技能外更多的专业技能。

3. 主动向指导教师求教

由于教学知识与经验的缺乏，潜在卓越教师常常不能有效解决所面临的教学问题。这时，教师不能被动等待指导教师的帮助，要主动向指导教师求教，主动呈现自己的思维过程，暴露思维过程中知识的不足，以便指导教师提供必要的支持。[1]

四、基于校企合作的卓越教师培育模式

卓越教师专业发展是指伴随着教学经历的不断增长，经验和知识得到了积累和更新，加上教学专业人员的不断反思从而达到专业成熟。职业教育集教育性和职业性于一体，在这两种属性的要求下，职业院校提出了更严格、明确的卓越教师专业化标准，要求其知识、技能和态度都符合行业职业的要求。应充分考虑到卓越教师所在岗位的能力需求合理提供培训，注重实践性的培训的同时也不忽略知识与态度方面的培训。这样的培养方式突出了职业教育的特色，促进了职业院校卓越教师专业化发展。

[1] 杨翠蓉．美国新教师培养中的认知师徒制 [J]. 教育评论，2009（2）.

（一）激发校企合作中教师的主动性

1. 驱动身份认同，消除转型矛盾心理

教师身份认同是教师通过不断调整变化自身的形象和角色定位，从而形成一个动态平衡的过程。结合职业教育特点提出的卓越教师对教师的专业素质提出了新的要求，无论是在知识维度还是能力维度均体现了时代性和实用性。在教学能力方面要具备基于工作过程的课程设计和实施能力、实训与顶岗实习的指导与管理能力、“过程—成果”导向的教学评价能力；在科研能力方面要具备产品开发、工艺改进、技术成果转化等能力；在社会服务能力方面要具备服务政府决策咨询、职业技能培训、社区文化传播等能力。换言之，职业院校教师除了传统的专业教师身份，还需要在培训者、咨询师、科研工作者、企业进修学生等身份中进行转换，尤其是卓越教师明确了职业院校教师不仅是教师还是技师的双重身份，但是比例相当大的职业院校教师没有意识到这个变化，无法将卓越教师的要求与自身的发展相结合，从而在成长的过程中产生了身份认同感失调。麦卡洛克认为处于改革中的教师会出现以下四种反应：一是不作出反应；二是敷衍了事；三是愿意对原有的认知框架做出一些调整；四是改变原有的认知框架，使其适应改革的需求。而在卓越教师培养的过程中更多的教师仍然处于前三种反应阶段，于卓越教师培养是极其不利的。教师应顺应社会发展要求，迎接经济发展对职业教育带来的全新挑战，尽快适应角色转换并调适自我状态，消除成长为卓越教师的顾虑，最大限度地投入时间和精力，变被动为主动，积极配合卓越教师的培养方式，不断提升“卓越素质”。

2. 明确自我发展目标，积极追求专业化

卓越不仅是职教教师的专业发展要求，还为理论教学类、实践教学类的教师指明继续提升的方向。从职业教育的角度出发，卓越教师有助于培养目标、提高办学水平的实现。正因如此，职业教育未来的趋势必定会严把卓越教师资格认定标准，所以职业教师在卓越教师的培养过程中必须认清情势，将卓越教师作为自我发展目标，紧密联系自身的专业，从专业出发提升自身的专业知识、能力和素质，才可以避免被未来的职业教育教师行列淘汰。卓越教师的培养不是一蹴而就、一次培养或仅靠外部力量就可以实现的，需要依靠不懈努力渐渐形成。职教教师的专业化发展集职前培养、入职培训、职后提高于一体，因此，无论是来源于普通高校的毕业生、企事业的技术骨干管理精英还是已经有多年从教经验的职业院校教师，都应明确将成长为卓越教师作为自身的专业发展目标，认识其为实现自我发展提供的服务，然后抓住一切成长机会，不断反思进步，不断激励自己向卓越教师发展，这样才能发挥主人公作用，加快队伍建设进程。

（二）促使学校服务能力生成内在驱动力

学校和企业存在合作伙伴关系，可以在市场机制调节下平等互换资源。卓越教师的培养仅凭职业院校的力量难有成效，企业的参与尤为重要。职业院校在校企合作培养卓越教师的过程中扮演的是主要角色，承担着建立内在动力机制的重要任务，应该对企业的需求有一个清楚的了解，将现有的教育资源转化为优势资源，增强服务企业的能力，有针对性地为企业提供高质量的教育服务。

首先，职业院校要加强自身能力的提升，发挥教育功能，为企业排忧解难。在经济飞速发展的大环境下，技术、工艺等更新速度快，企业要在技术、管理等方面勇于创新，形成自己的特色才能形成自身的核心竞争力。职业院校的教师队伍中不乏一些长期处于行业发展研究前端的教师，这些教师对企业在生产、管理过程中存在的一些问题和困惑有独到的见解，因此，可以利用这部分人才资源，为企业解决一定的经营难题，实现企业在技术、管理等方面的创新。如根据企业在生产经营活动中发生的问题，归集成档，由职业院校教师参与编辑、共同合作编写成册作为企业所有员工的学习资料，形成特有的企业文化；针对企业发生的技术事故，及时为企业相关领导及中层管理人员等开设风险与防范方面的讲座，增强企业的风险意识和防范意识。

其次，职业院校利用学校教学资源对企业员工进行培训。在对企业进行组织、任务和人员三个层面的培训需求进行分析的基础上，为企业的员工制定阶段成长性专项培训和重复式跟踪培训并驾齐驱的培训模式，有针对性地为不同阶段的员工提供知识、技能和态度方面的培训，并采用贯穿式的绩效考核制度，及时调查员工对培训的满意度、测试员工对培训内容的接受程度以及评估培训项目的隐性效果。培训中最为重要的是培训师资，应该科学整合校企教师与骨干等人才资源，建设循环流动的培训师资队伍，为企业提供高质量的人才培训服务。职业院校加强自身的教育服务功能，力求成为合作企业的人才培训中心，高级技能型人才和高素质管理人才的资源库，降低企业人力资源成本；为企业技术服务贡献更多的力量，协助企业攻克技术上的难题，从源头上吸引企业参与到卓越教师培养中。

最后，校企之间要多交流多沟通，借助校企领导搭建合作的沟通桥梁，从而更好地了解彼此的需要，深化合作的层次。除此以外，要挖掘校友资源，通过校企之间存在的校友关系、师生关系，增进校企之间的联系，强化企业对学校的信任感和归属感，促进校企合作。

（三）“学习—服务共同体”形式的合作培养

校企合作培养卓越教师，一般采取的形式是教师到企业实践进修，旨在通过亲身感受生产过程，参与生产操作提高教师的专业实践能力，但是一般的企业挂职锻炼流于形式，且时间多为短期，对于教师专业素质的提高和实践技能的提升效果并不显著。“学习—服务共同体”形式的合作培养与一般的企业挂职锻炼不一样，它要求参与培养的教师与企业具有具体的合作项目，有具体的工作计划和明确的进修目标。

“学习—服务共同体”形式的合作培养形式，主要有三种表现：一是学校围绕教师这个群体开设技术应用性公司，让教师担任公司的员工。经过充足的市场调查后，可以设立切合企业需求的生产、技术、管理等方面的实践类项目，并根据专业对口、企业就近的原则，落实可以合作的企事业单位，能为教师提供合适的学习和工作条件，参与合作培养的教师便具有双重身份，既以专业教师的身份在实践类项目中学习提高自己的实践能力，又以贴近企业生产和技术开发的项目反哺企业。二是教师在参与企业的项目时，亦可担任负责人的角色，在项目进行的过程中，需要跟进项目，完整的实施项目计划，既是为企业服务也是学习，而企业师资也可以到职业院校进行兼职，实现理论与实践的有效结合，提高自身职业素质和能力，为职业教育服务。三是实施“结对子”的互助计划，也就是一个教师一个企业管理骨干或技术人员形成一个互帮互助的小组，两者互补长短，骨干可以为教师指导生产技术、实操技能，教师可为骨干或技术人员传授教学经验，共同提高。

总之，实行“学习—服务共同体”形式的合作培养，主要是指职业院校一方面通过选派青年教师到企业一线实践进修，熟悉生产业务、了解工艺流程、掌握操作方法，促使其在服务产业中培养，在融入企业中提升；另一方面通过引入企业中的具有较强实践能力和理论水平的中高级技术专家与管理人员、能工巧匠、劳动模范等人员，并根据个人实际情况分别聘为兼职教授、兼职高级讲师、企业导师、实践指导老师等，邀请其开设学术讲座或论坛，开展课堂教学、实训指导、综合实践项目开发与课程建设指导等。

（四）“教师—科研主力军”形式的合作培养

教师作为科研主力军与企业实现科研力量对接。一方面，企业的核心竞争力是创新，创新的主体是人才，企业在追求技术革新提高生产效率，降低生产成本是无法离开职业教育和培训体系的。另一方面，职业院校办学条件、科研实力等都不具很强的竞争力，在申请国家自然科学基金等纵向课题时常常不受青睐。由此可见，企业对于职业院校的科研成果和技术支持资源有较高的需求，而职业院校也急切需要与企业进行合作，实现科研力量的对接。校企合作培养卓越教师，通过课题研究、项目开发、技术攻关等方面的合作，巩固校企之间的资源依赖关系。首先在课题研究方面，教师可以协助企业员工承担一部分的企业生产工艺改进、设备设计等任务，且教师可利用这些任务作为教学的素材，丰富自己的教学课堂；其次在项目开发方面，无论是在项目启动阶段的市场需求调查，项目计划阶段的风险分析还是项目实施阶段的反复测试，都需要一定的人力和物力，然而企业无法在生产进行的同时将过多的人力物力投入到项目开发中，而职业院校所拥有的教师及基础设施可以为企业提供项目开发所需的人力及物力；最后在技术攻关方面，企业处于生产第一线，要进行产品的开发，经常会面临缺乏对技术的消化吸收能力或重大的技术攻关等问题，虽然企业拥有先进的设备、最新的材料和雄厚的资金，但是企业仍然缺少具有系统性专业知识的专业人才，因此需要寻找战略合作伙伴，职业院校可以利用自身学术信息灵便、科研设备先进、科研优秀人才和受外界干扰较少等优势成为企业合作的战略伙伴。

在这几方面的合作过程中，教师可以在学与用的结合中完善自己的知识结构，提高专业技术技能，取得横向的科研成果，逐渐成长为卓越教师；职业院校与企业的合作获得更多的科研成果，有助其申报优秀学科梯队、优秀学术带头人等；企业则解决了实际问题，增加了经济效益。

校企合作培养卓越教师不会一帆风顺，因为校企合作仍然处于鼓励和倡导层次，企业的责任意识较为淡薄，这种缺乏积极性的现状就是较为难以跨越的障碍。企业应转变原有的观念，关注职业院校的经济效益，树立校企合作共赢观念，切实深化校企合作的层次。校企合作的宗旨是互利互惠、合作共赢、优势互补，企业在与职业院校合作的过程中，技术革新快、设备更新迅速、行业信息灵敏是其优势，这些正是职业院校欠缺的，因此，企业可为职业院校教师的实践进修和学生的顶岗实习创造更好的条件，还可以为职业院校提供技术骨干及管理精英充实卓越教师队伍；职业院校师资、基础设施以及各类教育资源丰富，企业应充分利用这些资源对员工进行技能、知识、态度方面的培训，降低企业在人力资源管理上的投资成本。通过资源共享，企业在校企合作的过程中不再是投资者，同时也是受益者，既扩大了企业的平台，也增强了企业的竞争力。

本章小结

本章认为卓越教师培养主要有四种模式：一是基于学历提升的卓越教师培养模式，即通过激发教师学历提升的内在动机、营造良好的学历提升文化氛围、充分发挥在职研究生学历提升特点、积极开展有效学历提升行动而实现；二是基于技能竞赛的卓越教师培养模式，即通过以技能竞赛改变教师的职业教育人才观、促进教师实践能力水平提高、促使教师自身教研水平不断提高、促使教师更加重视德育教育等手段来进行；三是基于师徒制的卓越教师培养模式，即从指导教师的选拔与培养、指导教师在师徒制中的责任和潜在卓越教师在师徒制中的责任三个方面进行探讨；四是基于校企合作的卓越教师培养模式，即通过激发校企合作中教师的主动性、促使学校服务能力生成内在驱动力、“学习—服务共同体”形式的合作培养、“教师—科研主力军”形式的合作培养等措施来形成。

第五章　职业院校卓越教师精准培育生态管理机制

一、自主发展：卓越教师精准培育的内在动力

（一）卓越教师自主发展的意义

教师自主发展有助于教师适应社会发展和教育改革，当今世界科学技术迅猛发展、知识经济日月异新、知识更新的周期越来越短，面对这种发展趋势，教师只有积极适应，不可能回避，因此教师拥有自主有助于教师发挥主体性和能动性，不断获得教育教学所需的知识技能。随着社会发展人们越来越认识到发展的不间断性，对教师而言，也越发认识到只有通过贯穿整个生命历程不间断地自主发展，才能良好地适应教育教学发展甚至转岗或再就业的需要，因此，提高教师自主有助于教师更好地适应社会发展和教育改革的需求，适应教师专业化发展的趋势。教师自主有利于提高教师素质、促进学生发展。当前，学校教育改革取得了显著成效，但是在提升教师素质方面仍存在一些问题。比如，教师缺乏发展的自主意识、发展动机不强，更谈不上自主地寻求发展策略和途径，长期被动发展的模式使许多教师养成了从众心理和安于现状的心态，甚至出现职业倦怠现象。强调教师自主是对教师个性和差异性的尊重，它有助于教师调整自身的心理状态，培养批判精神和创造能力。积极自我发展可以不断提高自身素质、提高教育教学工作效率，从根本上讲，教师自主发展是学生获得良好培养的有力保障，对学生发展具有深远意义。

（二）卓越教师自主发展的内涵

卓越教师自主发展是什么？似乎颇难给出一个严密、明确的界定。然而，我们可以从以上所谈的“卓越教师”的内涵和“关注卓越教师精神生命成长”的卓越教师成长观的契合点上对卓越自主发展的含义作如下界定：卓越教师自主发展是指卓越教师在迈向更为美好、更有意义的生活的成长道路上自愿自觉地追求幸福与完善，追求作为教师的人生意义和价值的一种成长方式。

1. 卓越教师自主发展的主旨是对人生意义和价值的追求

这是由“关注教师精神生命成长”的教师教育观所决定的。同时，这也与卓越教师的独特性有关。卓越教师在丰富的教学情境中已积累了丰富的教育教学经验，这使得他们在处理教学的常规问题时可以说是信手拈来、游刃有余。这时候，更重要的是消除教师的职业懈怠，增强教师的教学效能感，使教师充盈着对教师职业的信心与期待。知识和技能的

作用已退居其次，相反，在教师职业中享受幸福与成功，在教师生涯中成就自己的人生价值则是其自主发展的不竭源泉。

2. 卓越教师自主发展的过程是动态持续的

从卓越教师的概念可以看出，卓越教师的成长本身就是一个不间断的、持续的过程。在这个过程中，不同教师的成长历程实际上只有时间长短和难度大小的区别，而“一步登天”式的捷径并不存在。因此，教师必然要不断地接受挑战、不断地充实自己才能在成长过程中保持旺盛的生命活力，追求更高的境界。

3. 卓越教师自主发展的愿望和需要是内发性的

卓越教师的自主发展是卓越教师个体内在的一种积极发展的历程，而不是对外在压力的迎合。因此，这种成长的愿望与需求是内发的，是卓越教师在追求人生的意义与价值的过程中自然生发的，是卓越教师自主发展的内在依据和动力。

4. 卓越教师自主发展的个体是主动自觉的

卓越教师自主发展改变了以往“目中无人”的培训培养方式，强调了受训者的主体地位和主体精神。而“自觉主动性是发展个体的主体地位和主体性的集中体现”[1]。因此可以说，这种自觉主动的发展状态已成为卓越教师成长的“一种日常的生活样式”[2]。

5. 卓越教师自主发展是一种个人化的行为

以往的教师教育往往首先把教师作为一种职业，更多关注的是职业本身的提高与成熟，因此，在教师教育中很少看到教师个体的生命活动。卓越教师自主发展追求的则是个体对自我的不断超越，追求个体的幸福与完善，它更是一种个人化的行为。当然，作为个人化行为的卓越教师自主发展并不会降低教师的职业发展或职业地位。我们可以看出，卓越教师自主成长只会引导教师不断地走向成熟，因此，这种个人化的行为必然会促进教师职业的发展和职业地位的提升。

（三）卓越教师自主成长的策略

基于以上对卓越教师成长观的审视，以及对卓越教师自主成长内涵与特征的揭示，认为卓越教师自主成长的基本策略或思路是：以理论学习与培训为先导，以自我反思为主要手段，在教育行动研究中自主成长，并为之建立成长档案袋，记录其自主成长历程。

1. 加强教师身份认同，促进卓越教师自主专业发展

身份认同就是关于“我是谁”和“我与世界是什么关系”的问题；也是关于“可能我”的问题，即“我会成为什么人”“我想成为什么人”以及“我怕成为什么人”等问题。教师身份认同还涉及教师对教师职业和教师生涯的看法、态度和观念等。[3]教师工作的特点决定了教师不论是学习一种新的知识、接受一种新的观念，还是确立一种新的信念，都须通过自己的选择与认同，经过内心体验、思考与分析，在自我内化的基础上来完成。也是说，

---

[1]、[2] 金美福. 教师自主发展论 [D]. 长春：东北师范大学，2003.

[3] 黄景. 教师身份·教师能动·教师自主：二十年从教经历的反思 [J]. 教育学术月刊，2010（8）.

积极的教师身份认同，能够让教师对所从事的工作产生一种内在的兴趣，并能够从中得到乐趣，是教师努力做好本职工作并不断开拓进取的心理基础。在获取身份认同后，教师才能实现自主发展，把成长当作个体内在的一种积极发展历程，视其为追求人生的意义与价值的过程中自然发生的，而不是对外在压力或诱惑的迎合，此时，他就具有了自主发展的内在依据和动力；才会对自己的专业发展保持一种自觉的状态，主动寻找各种助力和凭借，不断追求并及时调整自己的专业发展行为，从而最终达到理想的教师专业发展的境界。

“教师的发展需要实现一种内在转变，更需要把教师作为主体的自身实践活动看作是教师发展的根本动力。因为，教师的实践活动包含了教师内在的需求、能动认识和选择。这也意味着教师的发展将不再仅仅是一种社会要求，也是一种自我实现与超越。”[1]发掘和提升教师自己的实践理论，通过实践联系理论的路径促进教师专业发展有关教师专业发展的研究和我们的日常观察都发现，职业院校教师很难将学术界的教育学理论运用到自己的日常教育教学实践中。他们即使通过培训或读书，在概念上理解甚至在理念上认同了这些理论，但是在工作中通常还是不能运用。[2]这主要是因为教师的工作具有自己的“实践的逻辑”，不像建筑师、工程师、管理者等，他们能熟练地应用自己掌握的知识、技术，解决当前的问题好比在“干爽的高地”上行走。教师犹如在“湿软的低地”行走，他们不能应用已有的原理与技术直接解决问题，而是要在揣度情境、调整既定方案、不断探索中明确问题，找出解决问题的途径和方法。[3]实际上，教师是在复杂情境中探求问题的“反思性实践者”，他们通过自身的经验对实践中的问题不断反思与建构，形成自己的知识——实践性知识。教师通过反思教学活动以及根据实践情境重新解读理论、概念与原理，批判、检视与发展自身的实践性从“被发展”到自主发展。实现教师自主发展，需要在相信教师的前提下，给教师创造一种积极的自主发展氛围，让教师通过不断加强身份认同，发掘和提升教师自己的实践理论，从而促进自主发展。

2. 促进卓越教师教育改革由外发模式向内生模式转化

纵观世界各国的教师教育改革无不是自上而下、自外而内的政府行为。从教师专业化改革过程来看，与其他一切自外而内的教育改革一样，都遇到过具体的客观甚至主观上的拒斥，这使得改革很难收到良好的成效。因此，如何在现有的情况下改革教师专业发展模式，加速其从外发模式向内生模式转化，是改革关键之所在。认为这种转化的重点在于为教师创造和提供更多可以自由选择的、继续学习的机会，提高教师在专业发展中的主体地位。目前有几种比较可行的做法。

第一，进一步开放教师职后培训的空间。强调教师个体在进行专业发展过程中的选择权，突出教师对自己职业生涯的规划。我国当前的教师专业发展模式在很大程度上带有政府规划的特点，教师职后培训模式较为单一和僵化，这使教师不能根据自己的专业需要来

---

[1] 张勇．在路上，教师以怎样的姿态前行 [J]. 教育科学研究，2010（4）.
[2] 陈向明．理论在教师专业发展中的作用 [J]. 北京大学教育评论，2008（1）.
[3] 王艳玲．教师形象的内源性考察 [J]. 中国教育学刊，2011（2）.

发展自己的专业能力，压制了教师对专业发展的多样化需求。因此，从消费者自由选择的角度看，教师职后培训应该引入更多的市场机制、更加开放和多样化、更加符合教师作为消费者的需求和利益。只有教师主动地选择专业发展的模式而不是出于行政强迫，教师的专业自主发展才有实现的可能。

第二，教师专业发展模式应该关照到教师个体实践性知识的作用。教师专业自主发展能够使教师专业发展从最初的群体性教师行为向个体性行为过渡，因而带有明显的个人特征。概而言之，教师专业发展不是一个把现成的某种教育知识或教育教学理论学会之后应用于教育教学实践的简单过程，它不仅需要教师积极参与富有共性的“原理性知识”的学习，更需要尊重并重视教师个人已有的教育经验和观念，并能把一般的教育教学“原理性知识”与教师个人的“实践性知识”加以整合，而能够做到这一点的只有教师自己。发挥教师个体实践性知识的作用还要求教师专业发展应避开泛泛参观之类的各种脱离具体教学场景的形式，应与教师个体的专业生活紧密联系，如美国的霍姆斯小组就提出了职业院校与大学，特别是教育学院之间进行密切的合作，共同培养新教师、培训在职教师。我国目前部分师范院校与职业院校合作的“教师发展学校”就是借鉴了美国的经验，这种模式对充分利用教师的个体实践性知识和促进教师的专业自主发展是很有帮助的。

第三，开展以“关键事件”或“问题解决”为中心的教师专业发展模式。“关键事件”对教师专业成长具有特别重要的作用：一方面，它给教师创造了一些选择和改变的机会，这既可以集中体现教师对自我已有的内在专业结构合理性、适应性的评价和最终决策，也可能包含着教师对长期累积的教育教学经验的体悟；另一方面，它又能够引发教师的自我澄清和个人思维的清晰化，促进包括教师个人教育观念在内的教师专业结构的解构和重构。因此，以学校为基础，开展对教学“关键事件”的研究，关注教师“问题解决”的过程，对于培养教师的反思能力进而提高教师专业自主发展能力非常重要。同时，学校的组织文化是影响教师专业发展的重要因素。教师对教学专业的兴趣和期待、对专业发展的渴望都是在真实的教育教学场景中形成的，是在充满情感、合作和理想的特定的组织文化环境中逐步发展的。正是由于学校的文化特性如此深刻地影响着教师的专业发展水平，所以，教师专业发展当前应努力构建以学校为基本单元的学习型组织，营造和谐、合作、共同进步的文化环境，让教师在学校组织内实现专业的自主发展。

3. 卓越教师的自主发展必须重视其主动性

强调教师学习的个体性、自主性和自发性，重视卓越教师的创造性和独特性，建立适合于教师个性和兴趣的学习方式从而提升教师专业的素养。当教师从被动的遵从转变为主动的追求，从不自觉的服从到自觉的尝试，专业发展的效应方可凸显。正如有学者所言：“虽然有些教师也在学习，但大体上是‘制度性学习’，也就是在由外力尤其是学校或教育行政部门安排的制度性活动中才有的学习，而没有把学习当作一种生活方式，当作一种长期的、持续性的活动，当作自身职业生存方式的体现。”[1]这样的促进教师专业发展的方式，

[1] 郑金洲．教育絮语 [M]．上海：华东师范大学出版社，2008，84.

不管其初衷多么美妙、设想多么动人，但终究是远离教师自我的，其效果也就值得怀疑。毕竟，“教师专业发展是一种非常自我的事，它需要来自教师的主动出击：自我设计、自主发展、自我反思、自我更新、自我发展……即认可教师是自身专业发展的主人。”“教师专业发展只有得到教师的心理支持，教师才可能自觉接受关于教师专业发展的要求和规范，才会将其转化为自身的一种自觉行为。”[1]“教师的自主发展，不仅包括教师在从事教育教学工作时依其专业智识独立抉择、不受他人干扰、影响和控制，还包括教师能够独立于外在的压力制订适合自己专业发展的目标、计划，选择自己需要的学习内容，有意愿和能力将制订的目标和计划付诸实施。”“只有当人们把自身的发展作为目的本身时，人类的真正主体才开始形成。因为它意味着，人真正摆脱了对自然、社会必然性的束缚与限制，他的活动动机不再是有外在的生存的需要所施加于他的，而是他自身各方面充分、完美、全面的发展构成了他全部活动的目的。”[2]

4. 卓越教师的自主成长必须在教育行动研究中进行

教育科研对教师专业发展的作用已毋庸置疑，那么什么样的教育科研才是职业院校教师所需要的，什么样的教育科研才是适合职业院校教师的？国内外大量实践表明，教育行动研究是职业院校教育科研的主要方式，是促进卓越教师自主成长的重要途径。卓越教师在开展教育行动研究时，必须要注意以下几个方面。

第一，教育行动研究的起点是教育教学问题，但卓越教师在选择行动研究的“问题”时，不能以“普遍性”“理论性”来衡量，行动研究的“问题”必须是卓越教师个人在教育教学过程中遇到的而又认为迫切需要处理的实践问题，这样的问题特别强调实践工作者的认识、感受和经验，“带上了个人希望改变的愿望和决心改变的意志”[3]。也只有这样，他们才可能“对实践中发生的问题采取措施，并始终承担自己行为后果所附带的个人责任”[4]，自觉、自愿、主动、积极地完成整个研究过程。

第二，教育行动研究虽然把解决问题放在第一位，但并不等于教育行动研究无需理论指导。事实上，没有理论指导的教育行动研究必然是盲目的和直觉经验式的。因此，在教育行动研究中，理论学习与培训是必需的，也应是持续的。一方面，卓越教师在教育行动研究中需要通过持续的理论学习与培训来提高自己的理论精神，以此来摒弃非理性的实践；另一方面，教育行动研究本身也需要建立实践工作者和专业研究人员的“合作共同体”“强调多向互动、智慧共享的对话”[5]。

第三，教育行动研究是一种多元化的研究方法，它并不排斥其他的研究方法。相反，它需要根据研究目的、问题性质、教师能力等灵活选择相关的研究方法。比如：在发现问题时，可能采用的是观察法，也可能采用的是调查法；在研究过程中，则可能是实验法、

[1] 胡惠闵 . 校本管理 [M]. 成都：四川教育出版社，2005，70.
[2] 鲁洁 . 超越与创新 [M]. 北京：人民教育出版社，2001，327.
[3] 万俊锋 . 教师从事行动研究的几点思考 [J]. 江西教育科研，2002（1-2）：3-5.
[4] 同上
[5] 周耀威 . 教育行动研究与教师专业发展 [J]. 全球教育展望，2002（4）：53-58.

调查法、文献法、观察法、个案法等研究方法的综合运用。

第四，教育行动研究以卓越教师对自己所从事的实践工作进行持续反思作为基本手段。卓越教师的自我反思是卓越教师自主成长的基础，没有卓越教师对自己成长过程的反思，也就没有卓越教师的自主成长。特别是对于理论学习与培训来说，缺乏卓越教师的自我实践性反思，仅靠外部环境的压力和权威的影响，是很难真正对卓越教师的个人实践理论产生触动的。“已有的研究表明，教师个人实践理论既是接收外界信息的过滤器，又是决定教师行为的核心因素。专业理论要经过教师个人实践理论的过滤才能被接受”[1]，因此这样的理论学习与培训的结果是不可能内化到教师自己的观念体系中去的，也必然是低效甚至无效的。为此，必须充分重视卓越教师的自我实践性反思在卓越教师自主成长中的重要作用。

第五，教育行动研究成果的表达方式需要体现研究特点和教师特征。在以往的研究范畴中，研究成果往往是以研究报告或学术论文的方式呈现，这种表达方式强调的是研究成果的普遍性、可推广性，以及它的理论价值（或者说，通过堆砌理论术语来获得理论界的认可仍然是教育科研的追求），最终仍然回到用专业的视角来审视实践问题。然而，用这种方式呈现教育行动研究成果，必然会非常遗憾地省略掉行动研究中的一些重要因素。比如，在信息正式化的过程中，必然会省略一些个人的经历和意志，忽略个体在教育行动研究中的艰难抉择和成长态势以及伴随抉择和成长的丰富情感、体验和意图，而行动研究的丰富性和复杂性也就不可能淋漓尽致地表达出来。因此，我们必须采用一种能够呈现教育行动研究独特性的成果表达方式。国外已经出现了一种基于多媒体技术的“研究者工作环境”，这种记录方式必将对教育行动研究成果的表达方式带来新的启发。

5. 卓越教师的自主发展离不开理论学习与培训

虽然目前很多教师对理论学习颇有微词，但无论从何种角度看，理论学习对卓越教师的成长都有着非常重要的作用。许多卓越教师的成长经历都证明了这一点。那么，卓越教师应该如何进行有效的理论学习与培训呢？据美国成人教育学家诺尔斯（Knowles，M.）的观点，成人学习有以下几个方面的特点：“作为成人，教师从事学习时具有强烈的自我指导的心理需求；具有实地学习过程中有待挖掘的丰富经验；具有解决生活中实际存在问题的需要；其学习以行为本体为中心，即希望学习到的新知识和技能马上能够应用；以及这种学习首先是内在激发的”[2]。卓越教师的理论学习与培训必须要遵循成人学习的基本特点，从卓越教师的特点出发，强调卓越教师在理论学习与培训中的自主性和独立性，强调卓越教师先前的经验对理论学习与培训的重要作用，强调理论学习与培训的针对性、适用性和可接受性。具体来说，应该做到以下几点。

第一，从学习与培训目标来看，卓越教师的理论学习与培训要以解决教育教学中的问题与困惑为出发点，有目的、有计划地帮助和引导卓越教师去克服教育教学中所遇到的问

---

[1] 鞠玉翠．教师教育与教师个人实践理论的更新 [J]. 教育探索，2003（3）：92-94.

[2] 操太圣，卢乃桂．教师专业发展新范式及其在中国的萌生 [J]. 教育发展研究，2002（11）：71-75.

题与困惑。

第二，从学习与培训内容来看，要充分考虑卓越教师的特点，围绕卓越教师的内在需要来设置，并且要不断加以调整。在此，“选修”的制度可以被引入到卓越教师的理论学习与培训中来。培训者为受训者提供培训“菜谱”，受训者可以根据自己的需要自主地选择与学习。在此，特别需要强调的是，在以往的理论学习与培训内容的选择上，我们更多地考虑了“学生的成长”。也就是说，学习培训这些内容的目的就为了更好地教好学生，而忽视了卓越教师自身更好地成长。事实上，只有教师的成长，才可能有学生的成长。因此，在选择学习与培训内容时，“为了教师的成长”的内容应该被更多地纳入，如有关教师专业发展、教师如何开展教育行动研究、教师如何开展自我反思、教师如何创建个人的自主成长记录袋等。

第三，从学习与培训方式方法来看，卓越教师的理论学习与培训应该更倾向于问题中心式学习。也就是说，卓越教师是在解决问题的过程中不断地丰富理论修养，同时在理论学习的过程中不断完善对问题的理解。因此，在具体方法上，应该更多地采用有专业人员指导的个别学习或具有相同需要的教师之间的合作学习、专题研讨等。此外，专业人员还应主动走出“高墙大院”，送“理”到校，送“理”到人，开展师徒结队，有针对性地进行个别指导。

第四，从培训者和受训者方面来看，培训者和受训者都应该正确定位自己的角色。培训者应该成为卓越教师的引路人和“平等中的首席”，而受训者则应该成为理论学习与培训的责任人与决定者。

第五，应该构建一个卓越教师理论学习与培训的平台。这一方面可以实现资源共享，另一方面可以为卓越教师之间以及卓越教师与专业人员之间的学习与研讨提供一个互动的场所。目前，信息技术的发展已经使之成为可能。

6. 卓越教师应自主记录自己的成长轨迹

古代的圣人先哲往往通过著书立传的方式宣扬自己的教育思想和实现自己的教育理想。经常性地记录自己的成长轨迹，对卓越教师来说也是非常重要的。卓越教师在自己的成长过程中，不可能没有自己的“得意之作”与“成功之法”，也不可能没有自己的困惑与思考，更不可能没有足以让教师触动的关键事件。如果不对这些信息经常记录、及时总结，就可能因时过境迁而烟消云散，卓越教师事后的回顾与反思也就有可能因原始素材的缺乏而难以有效进行。同时，记录的过程也就是卓越教师对自己的成长历程进行归纳、概括、反思、评价和再理解的过程。在这一过程中，教师会更为清楚地看到自我成长的轨迹和内在专业结构的发展过程，进而为能够更好地实行专业发展的自控和调节奠定基础。[1]而且，卓越教师对自己成长轨迹的经常性记录，也有助于保持与提高卓越教师的自主成长意识以及对成长过程中的关键事件与关键问题的敏感性，这对卓越教师的自主成长也是非常重要的。卓越教师在记录自己的成长轨迹时，需要注意以下几个问题。

[1] 叶澜，白益民等．教师角色与教师发展新探 [M]. 北京：教育科学出版社，2001.

第一，记录的目的是为了描绘个体的学习和成长过程，而并不是展示卓越教师的成就和荣誉。因此在记录时，不能仅仅记录教师认为最满意和最重要的内容，只要能真实反映卓越教师自主成长过程的内容都应该被记录下来。同时，卓越教师对自己成长轨迹的记录应该是经常性的，应该是“在卓越教师自主成长过程中自然产生的，而不是在某个特定的时间里通过某项活动来完成”。只有这样，才能真实、丰富地反映卓越教师的自主成长历程。

第二，卓越教师个体应该是记录其自主成长轨迹的主人，这样才能保证记录的“原汁原味”。相反，我们并不提倡由特定的人员来对卓越教师的自主成长轨迹进行“加工”。但在目前情况下，卓越教师自主记录其成长轨迹时可能还离不开专业人员的指导。

第三，卓越教师自主成长的轨迹是丰富多彩、独具特色的，对其自主成长轨迹的记录也应是独具特色的。记录的过程也就是卓越教师创造性和个性得到最大限度发挥的过程。

第四，在自主记录成长轨迹的同时，卓越教师要及时地挖掘这些信息对自主成长的价值和意义，并将自己整理、分析、研讨、反思、评价和再理解的过程及结果以适合的方式记录下来。

二、文化引领：卓越教师成长的价值导向

学习是教师生存发展的根本途径，未来卓越教师必须是学习型的教师，教师学习文化是卓越教师赖以生存和发展的基本条件之一。什么是教师学习文化？有学者认为：“教师群体在长期的学习文化活动中共同创造、经由历史积淀、具有独立的风格和特征并以特有的存在方式潜移默化地影响教师学习与发展的物质和精神共同体[1]”。这种学习不仅仅是知识的积累，更重要的是教师在不断学习的过程中，实现了对自己持续不断的更新和对教育真谛的领悟。卓越教师学习文化的形成其意义是双重的：一方面可以形成自己的卓越的学习能力；另一方面可以帮助、指导、引领学生学习能力的提升。因此，为了促进教师学习文化的产生，卓越教师教育课程功能不仅具有即时的功能，还应具有延时的价值；不仅让学生现在学到知识与技能，还能对学生未来的学习具有引领作用。

人与环境紧密联系、相互影响。“人创造环境，同样环境也创造人。”[2]任何人的发展都要有一定的环境，都要有一定的外部支持和保障。“教师发展，内因是主要的，但如果没有外在环境提供的刺激，大多数教师不会主动发生改变。”[3]可见，环境对于教师发展来说意义重大。

文化环境对于教师发展具有特别重要的价值和意义。影响教师成长的因素有教育理念、教育信念、职业成就感等，教师成长的动力主要是自身的精神层面的道德动力，能够对人的精神层面产生重大影响的就是文化。因此，良好的、正向的文化环境对于引领教师发展具有重要意义，宽松和谐的文化氛围可以让教师获得平和的心态和较大的自主空间，这就

❶ 肖正德．乡村教师学习文化的问题与重建[J]．教育发展研究，2013（4）：43-47.

❷ 马克思，恩格斯．马克思恩格斯选集第一卷[M]．北京：人民出版社，1942：43.

❸ 傅建明．教师专业发展途径与方法[M]．上海：华东师范大学出版社，2007：123.

为教师在教育教学方面的创新实践提供了必要的基础条件。我们通过调查问卷研究发现，教师的合作文化更有助于教师队伍的发展，因此，学校如果有意识地创设一种合作、互助、团结的文化环境，那么这所学校的教师自然就会成长很快。从促进教师发展的角度来说，应当构建适宜卓越教师存在和发展的文化环境，应当发挥文化对教师成长的价值导向作用。诸如合作、共享、发展的文化理念，平等、尊重、理解的文化态度，宽容、接纳、友爱的文化情感等，均有助于教师发展的文化环境构建。文化环境的构建离不开政策和制度建设的保障，我们“需要研究在政策上提供教师主动参与改革的条件，研究教师自由选择教学方式和创建多样化教学园地的政策机制，研究培养和产生成千上万的具有时代影响的杰出的教师和有创见的教育家的制度化环境。”“需要研究一种能够大批地产生具有勃勃生机富有献身和创新意识并充满教育理想的教育家的政策机制和政策导向。”

每一个从事教师职业的人，从他们接受这一职业起，就应该有这样的理想——“我想成为一个教育家”，比如“成为一个陶行知式的教育家”。政策机制和制度环境应该让每个教师都怀有这样的教育理想。”[1]在教育发展历史上，总是少数学校培养了大多数卓越的人才。大多数卓越教师成长在少数的学校里，这似乎并不符合人的智力结构的自然分布情况。从某种意义上讲，是一所学校以及当地的文化氛围、社会环境影响的结果，这样的影响通常会大于先天智力条件的影响。因此，推动卓越教师大批量快速成长，应当将着眼点放到名师文化的建设，通过这样的名师文化来造就大批的卓越教师。文化构建的根本目的在于引领教师的教育信念和价值追求，引导教师树立正确的教育理念，鼓励教师自主创新和实践，让教师在工作中慢慢体会为师者的学生立场和职业成就感。具体地说，基于我们的研究，在文化构建方面应注重以下几个方面：

（一）文化时效上向终身转变

卓越教师的培养不是一蹴而就的事情，而是一个系统的、连贯的培养过程，培养机构应该遵循卓越教师的成长规律，改革当前卓越教师培养不同阶段的割裂状态，建构职前、入职与职后一体化的卓越教师培养体系，打造系统化、连续的卓越教师培养课程体系，形成职前培养、入职培训、职后研修的纵向贯通、横向联系的有利于卓越教师成长的终身教育体系，在整个卓越教师培养过程中，营造终身学习文化氛围，为未来卓越教师专业成长提供可持续发展的动力源泉。

1.“职前”的有限性

“职前”教师教育课程是卓越教师培养的初级阶段，是“卓越教师计划”的奠基工程。职前教育对卓越教师良好专业态度的养成、教师职业道德和信念的形成、教师教育基本知识和技能的掌握具有十分重要的意义，是卓越教师职业生涯发展中必不可少的重要阶段。世界上每个国家对教师的职前教师教育课程都是十分重视的，一般采取学科知识与教师教育课程的并行性模式和先获得学位再学习教师课程的连续性模式两种方式进行[2]，我国职

[1] 康宁试．论素质教育的政策导向 [J]. 教育研究 1999（4）.

[2] 谢晓宇．加拿大卓越教师培养计划：目标与路径 [J]. 全球教育展望，2016（10）：114-119.

前卓越教师教育培养更多采用第一种模式。但是，在卓越教师培养过程中的见习、实习、研习等操作性实践中，一般都是以学生身份，充其量以“准教师”的身份参与到教学实践中来，还没有完全以“合法合规”的教师身份参与到教育教学生活世界之中，尽管我国卓越教师职前教师教育的课程体系较完备，但它也只是整个卓越教师培养的课程链条的一环，在卓越教师的培养上具有一定的局限性。

2.“终身”的无限性

法国保罗·朗格朗认为，终身学习是人的一生的教育总和。卓越教师培养的“职前”教育和“职后”教育就是要促进教师终身学习，实现教师职业的价值。所以，卓越教师的培养是一项周期性较长的系统过程，终身学习、终身成长的理念应该贯穿在卓越教师教育课程之中。

《教师教育课程标准》指出，教师是终身学习者，在持续学习和不断完善自身素质的过程中实现专业发展。从这个意义上理解，卓越教师教育课程应该为其未来发展，真正成就卓越，提供更宽广的“跑道”，实现教师教育的职前课程与职后课程的一体化，最终实现职前教育与职后教育的系统化，让每一个未来卓越教师成为一位学习型的卓越教师，形成终身学习的能力。卓越教育的专业发展是与其职业生涯紧密联系在一起的。

（二）文化战略上应深谋远虑

教师的成长是一个缓慢的过程，文化的影响也是慢慢渗透的一个过程，对于教育管理者来说，通过文化来引领教师发展，一定要做好“慢”的功夫，树立一种“养”的心态。“领导层、管理层要把每位老师看作好老师，这是前提，如果没有这样的观念，这个学校的老师不可能整体得到提高。对于教师队伍建设，从管理的角度说，要重视‘养’，人心是要养的。领导和管理最重要的就是‘养’。不要指望一个举措，能改变一个人，这是不可能的。要改变老师不当的观念和认识，得让他天天有心灵的滋养，用心灵的滋养慢慢地去改变他。今天赏识，明天支持，后天帮助，就这样一天天去做，慢慢地，教师的精神面貌就变了，教育理念、信念、学生立场等就形成了。我们现在很多学校校长、管理层、领导层没有耐心，恨不得开个会、讲些话，这个老师马上就会改变。事实上，这根本不可能。只能吓吓人而已，吓人的话，人家听三遍就不害怕了。因此，学校的管理重心是养老师的心，养老师的精神，让老师的精神层面能够强大起来，这是最能促进教师成长的办法。”那么该如何做呢？

1. 树立教师信念是构建教师文化的出发点

教师信念是教师自己确认并信奉的有关人、自然、社会和教育教学等方面的思想、观点和假设[1]，主要包括教师对学校组织、教师角色、教育教学、学生成长、自我发展的信念，通过教师的态度来反映并潜移默化地影响教师的教育实践。可见，树立教师的信念是构建教师文化的重要前提和出发点，对教师的态度与行为具有深远影响。

教师文化通常表现为无意识的、显性的规范意识、知识、技能和行为规则，同时也会

[1] 赵昌木．论教师信念 [J]. 当代教育科学，2004（9）.

涉及无意识的、隐性的信念、情感、习惯的多层构造。[1]从教师的一言一行中便能感受到弥漫于教师群体中的与众不同的生活气息和工作氛围，也能窥见教师的信念。然而，并非教师所有的信念都是积极或正面的。“教师信念的发展要受到教师从教后的教育实践、所处的社会环境条件、教师群体间的文化特质以及自身的知识储备等因素影响。”[2]当教师文化的核心价值观内化于教师的信念，使得教师的个人价值的追求与教师集体发展目标的实现相结合，教师文化就会对教师专业发展产生引领作用。

从某种意义上说，教师专业发展就是信念的确立、改变或放弃。[3]教师文化构建的成效，更多地体现在信念的培育，更多地强调教师的自觉与自律。信念的培育不能通过说教和灌输的方式，而是潜移默化地进入教师的心灵和生活。然而，要有效确立教师的信念，还有一些问题需要克服。其中一个就是教师专业认同感不足。旷日持久的教师教育“学术性与师范性”之争使得目前教师职业在我国仍然缺乏专业性，此外，教师工作本身的复杂性、创造性、生成性，以及教育效果的滞后性、内隐性，也影响着社会对教师专业不可替代性的认识。另一个影响教师信念形成的因素是教师专业自觉匮乏，导致教师不能自觉把外在责任与义务转变成内在动力，不能自觉对所从事的教育实践活动展开自我反思，很多教师仅仅满足于充当“教书匠”的角色，创新意识薄弱，研究能力欠缺，自我成长的热情与动力低迷，形成一种被动适应的教师文化。因此，只有着力于信念，才能促进教师专业精神和态度的培育，促成教师专业自觉的养成。教师的信念是教师专业发展的原动力，表现为教师在教育教学中对专业的忠诚、对事业的使命感、对工作的责任心、对专业发展的追求、对专业道德的坚守、对职业的奉献。教师的信念引领教师树立坚定的理想和价值观、强烈的职业意识和奉献精神，实现教师在心理和文化上积极的专业认同，使教师在职业生涯不同阶段都能得到可持续的专业发展。

总之，教师文化是否形成，须考察信念是否在学校全体教师中得以确立，并起到激发教师潜能、凝聚教师心志、推动学校发展的作用。

2. 改变教师态度是构建教师文化的切入点

教师的态度包括教师对学生、工作、同事和自身发展的心理倾向，改变教师态度可以作为构建教师文化的切入点和着眼点，以态度的改变来推动教师信念内化为教师的行为。从变化这个视角来看，态度与文化存在更多共性。荷兰哲学家皮尔森（Peursen，C.A.V.）在为其著作《文化战略》中文版写的引言中指出，“文化”不是一个名词，而是一个动词，即文化是按一定意图对自然或自然物进行转化的人类全部活动的总和[4]，换句话说，“文化”内在地蕴含着转变意图和态度之意。而且从语义的角度分析，“文化”一词本身就含有态度转变之意。“文化”是古已有之的汉语词汇。“文”与“化”各有其意义，并联使用较早见于战国末年儒生编辑的《易・贲卦・彖传》：“刚柔交错，天文也。文明以止，

---

❶ 佐藤学．课程与教师 [M]. 钟启泉译．北京：教育科学出版社，2003，（4）.

❷ 赵昌木．论教师信念 [J]. 当代教育科学，2004（9）.

❸ 同上

❹ C.A. 冯·皮尔森．文化战略 [M]. 北京：中国社会科学出版社，1992.

人文也。观乎天文，以察时变；观乎人文，以化成天下。”“人文”与“化成天下”紧密联系，“以文教化”的意义已十分明显。西汉以后，“文”与“化”成为复合词，“以文教化”成为“文化”的重要涵义，与武力征服相对应，意指性情的陶冶、品德的教养，强调内在的改变。

有学者认为，教育改革的过程在很大程度上是改变态度和价值观的过程❶。可以说，教师文化构建就是在确立信念的基础上转变教师现有的不适应学校发展的态度，并随着态度的更新产生持久的行为倾向。信念是无形的，不管教师是否意识到，教师信念都在通过态度影响着教师的行动。

一般来说，教师对自己工作的满意度、对学校的认可度，与他们教育教学行为的激情和创新成正相关。态度转变复杂而艰巨，得依赖于教师文化构建中所采取的具体而有效的策略。美国学者哈格里夫斯（Andy Har greaves）把教师文化按形式区分为个人主义文化（individualism）、派别主义文化（balkanization）、人为合作文化（contrivedcollegiality）和自然合作文化（collaborative culture），逐级而上。❷自然合作文化建立在开放、互信、互助的基础上，是教师文化的最高境界，能从根本上促进教师专业发展。因此，教师文化建构的一个重要方面就是要建立起合作与对话的环境和氛围，形成民主平等的教师关系、团结协作的同侪关系，以及尊重信任的上下关系。

教师文化构建过程中还应重视教师的自主意识和民主权利，使其通过积极参与获得正向的情感体验，并自觉将此情感渗透于日常的教育教学行为，如，教师可以通过参与小组决策和讨论，孕育集体自主意识，建立协作文化，从而推动教师真正参与学校生活，并有信心去推动学校教学改革和教育质量的提升。❸通过教师间的相互学习、交流、支持与激励，通过平等的对话、沟通、协商，使教师关于教育教学的某一认识逐渐发生改变，进而形成新的认识新的态度，最终促使教师认识、理解和认同教师文化，并内化为自觉的行为。这是通过态度的改变来推动教师文化建设的一条有效途径。同时，教师也应重视、反思和更新态度，转变那些不正确不合理甚至消极的态度。而教师文化的作用力又能产生反作用，尤其是当教师的态度与教师的信念相一致时，会推进教师文化的构建。

教师文化基于教师的信念，由内而外展现，最终落实在教师的专业态度和教育教学行为上。教师行为是教师信念与教师态度的动态表现，是衡量教师文化建设成效的标尺，也是学校精神与价值观的折射。教师的行为包括语言运用、教学方法使用、情感表达、师生互动、同事交往等，可以概为教学行为、育人行为、专业发展行为，体现出教师对职责履行的态度。教师文化构建须把握信念、态度和行为的相互关系，致力于转变教师教学行为，更新教学理念；优化教师育人行为，提升教师专业品质。

---

❶ 肖川．创造积极的学校文化 [J]. 福建论坛，2008（11）：4-5.

❷ 邓涛，鲍传友．教师文化的重新理解与建构——哈格里夫斯的教师文化观述评 [J]. 外国教育研究，2005（8）：7.

❸ 颜明仁，李子健．课程与教学改革：学校文化、教师转变与发展的观点 [M]. 北京：教育科学出版社，2010.

3. 内化教师行为是构建教师文化的落脚点

内化教师行为是构建教师文化的落脚点。行为是一个多学科研究的命题，哲学上认为行为是人们日常生活中所表现的一切活动；心理学不同派别对行为有不同的定义。综合来看，行为是人们在价值观念影响下表现出来的外在活动。行为是与信念和态度密切相关的概念。态度反映信念指导下的事物或活动对个体的意义或价值，而这种意义或价值通过态度指导下的行为来实现，当然，行为也能影响态度的变化。有学者指出，文化的核心由“价值观”形成，它是一种很少被讨论的潜意识感受，无法观察，但会由行为表现出来。[1]教师行为因其外显性而成为教师文化构建的落脚点与最终体现。

教师文化基于教师的信念，由内而外展现，最终落实在教师的专业态度和教育教学行为上。教师行为是教师信念与教师态度的动态表现，是衡量教师文化建设成效的标尺，也是学校精神与价值观的折射。教师的行为包括语言运用、教学方法使用、情感表达、师生互动、同事交往等，可以概括为教学行为、育人行为、专业发展行为，体现出教师对职责履行的态度。教师文化构建须把握信念、态度和行为的相互关系，致力于转变教师教学行为，更新教学理念；优化教师育人行为，提升教师专业品质；关注教师专业发展行为，促进教师专业持续提升。

具体而言，教师应改变传统的教学行为，在教学活动中尊重学生的个体差异，强调师生之间、学生之间的互动与交流，培养学生独立思考与主动探究的能力，激发学生的学习兴趣，引导学生树立科学的学习观；教师应具备良好的道德修养，为人师表，以育人为本，关心爱护学生，公平对待学生，重视学生的全面发展，为学生创设良好的环境和条件；在教师专业发展过程中，树立专业自主意识，注重专业知识的更新与积累，强调相关学科的支撑和渗透，通过同伴互助、叙事探究、情境学习等方式，提升教育教学研究水平，形成具有理念指导的行为风格。尽管态度对人的行为产生影响，但行为主体还受制于外部环境，并依据自己的信念对外在的行为规范进行选择和整合，最终内化为个体的自觉意识。行为规范如果不能得以内化，文化的影响力就会折损。

有研究认为，教师的要求、愿望、意志与学校制度产生冲突和困惑，以及对于这些冲突和困惑的解决与妥协，可视作教师所特有的感情、思考、行为的表现形式，并生成一种特有的文化[2]，可见，制度对内化发挥着至关重要的作用。教师文化建设的过程也是教师管理制度不断调整、不断完善的过程。孔子所说的“内仁外礼”，“仁”是内在的道德自觉，重自律；“礼”是外在的规范和制度，重他律。仁义的内化体现道德行为。只有积淀和贯通“仁”的“礼”才不停留于外部的规章制度。因此，学校教师管理制度的真正旨意应该是使文化深入到教师的心灵，成为教师的共同追求。行为规范的内化需要一个过程，从点滴做起，由不自觉到自觉，变“压力”为“动力”，教师行为才能超越制度本身而达

[1] Geert Hofstede，etal.Measuring Organizational Cultures：A Qualitativeand Quantitative Study across Twenty Cases[J].Administrative Science Quarterly，1990，35（2）：286-316.

[2] 佐藤学 . 钟启泉译 . 课程与教师 [M]. 北京：教育科学出版社，2003.

到文化自觉，教师便不再局限于只是被告知怎么做的执行者，而是成为主动参与者和创造者，不仅知道如何做正确的事，还能知道如何正确地做事。

（三）文化理念上尊重专业自主权

这里的尊重是“真正的尊重，尊重那些热爱学科教学、对学科教学有研究的教师。现在的很多学校领导，包括教育管理部门的领导，对那些有教育抱负的、热爱教育的、有教育追求的、几十年为教育教学做出众多研究成果的教师还不够尊重。这些教师目前还没有成为大多数教师发展的目标，教师们主要都还是依靠自身的信念在从事教育工作。所以，要促进教师发展，首先是尊重，做到了真正的尊重，教师发展的道路就畅了。在尊重卓越教师的同时，还要引导那些年轻教师向他们学习、看齐。”

“真正的尊重”一方面是思想上重视这些教师，另一方面在现实层面要提高他们的待遇，向全体教师传达这样一种暗示，即热爱教育、专心教学、认真研究的教师能够获得丰厚的回报。要做到真正的尊重，首先要根据教师专业发展的规律来引领教师发展，比如刚入职的教师，不要给予其太多的任务和目标要求，允许他用几年的时间来熟悉课堂、练习教学。工作之初的自主空间对于教师的专业成长非常关键。学生的成长是缓慢的，需要教师慢慢等；同样，教师的成长也是缓慢的，也需要校长慢慢等，在等的过程中需给予适当的指导和帮助。基于关于教师成长阶段的阐述，处在适应阶段、发展阶段、成熟阶段和超越阶段的教师的成长需求是不同的，自身的理解和接受能力也是不同的。

因此，科学的教师发展策略应该是分层次、分类型的，让每一位教师都能够根据自己的条件找到适当的成长路径。最后，要有意识地让教师对学校形成文化认同感和文化信任感。“文化认同是非常重要的，这个教师希望留在这个学校，不一定冲着待遇，而是对这个学校文化的认同，这个学校有吸引他的文化魅力。”“文化是要建立在彼此信任的基础上的。法律制度是建立在对你不信任的基础上的。”教师成长的根本动力来自内在的精神层面的道德动力，这种道德动力是自主的、有创造性的，其发挥作用的根本条件是获得信任，就是说，只有在教师充分信任的环境里，他才能充分发挥这种精神的道德动力，教师成长才会是持续的、快速的、高质量的。

三、教师培训：卓越教师精准培育的重要途径

教师培训是提高教师队伍素质、促进教师专业化发展的重要途径。教师职业的职责、性质和特点等决定了加强教师在职培训的重要性和必要性。实践中，促进教师发展的最重要的途径是教师培训。

教师培训是以解决教师在职业生涯发展过程中遇到的具体障碍和情景问题作为培训出发点，也是教师培训的原动力。第一，教师来培训总是有自己的预期的，教师常常是带着问题来培训的。第二，在教师的培训中，教师追求的不是以传授系统的、一般的知识为主，而常常是把培训的内容与教师职业的发展以及个人的内在世界的提升紧密相连的。第三，在培训的内容上，教师追求培训内容的实用性、应急性。因此教师在培训中，希望一蹴而

就解决问题，而不是追求培训内容的学术性、系统性、理论性，教师希望以问题为中心而不是以学科为中心开展自己的培训活动。由于教师面临着职业发展的任务，在承担任务的过程中，教师会遇到许多的困难和问题，需要通过自己的培训加以解决。因此，他们会根据自己在发展过程中所面临的外在形势的变化和自己发展的需要，根据自己生活以及职业发展的变化，来调适自己的培训兴趣，学习那些与其所扮演的社会角色、职业发展与个人提升相需要的东西。由此决定了教师在培训兴趣的指向上关注的是：第一，如何能够更好地胜任自己的本职工作；第二，如何在自己的职业发展过程中提升自己；第三，如何扮演好各种角色。因此，教师来参加培训常常是带着问题来的，教师在培训中关注的是自己在职业生涯发展过程中所遇到的具体问题如何解决，从而通过问题的解决来提升自己的职业生涯的发展。可以说，教师参与培训的过程就是一个对遇到的问题和所要解决的问题进行一系列探索和寻求解答的过程。

教师培训的最终目的就是要使教师获得一种自我反思批判的学习能力。所谓的教师的自我反思批判的学习能力就是教师在培训的过程中，结合培训的内容，联系自己的工作，对自己的实际工作进行认真地自我认识和思考，总结出在实际工作中的成功经验和失败教训，改变实际工作，从而在这种不断地反思中不断地提升和完善自己，促进自己职业生涯的成长。现代教师教育理论认为，作为教师的重要标志是教师拥有一种自我反思的能力。是否能够通过对自己成长经历的不断自我反思获取进一步前行的养料，这是教师是否成熟的标准。因此，教师培训的最终目的就是要让教师获得一种自我反思的能力，使他能够从自己的工作经历和生活环境中不断地反省自己哪些方面是成功的，哪些方面还做得不好，哪些方面甚至是失败的，在这种不断的反思中反省自己，从而在这种不断的反思中提升和完善自己，促进自己逐渐地成长。[1]

为了达到使教师在培训中获得这种自我反思和批判的能力，在教师的培训中，我们应该改变以往的一些培训理念。

①避免那种培训就是单向的培训者向被培训者传递信息的过程。培训的过程应是一个双向的信息反馈的过程，尤其是对教师而言，他们的经历、经验在培训中起着很大的作用。

②培训的目的应该是使教师的内在世界发生变化，促使他在内心反思自己的所作所为，获得一种内在的自我反思批判的能力，而不仅仅在于他掌握了怎样的知识，培训了怎样的理论知识。

③教师的培训中，我们应该关注的是教师从内在发生了什么样的变化，而不仅关注于培训者做了什么，给他们传授了什么。尤其在我们生活的这个年代，知识的急剧增加，把教师的培训仅仅定位于掌握知识，这一点已不适应时代的要求。教师培训的使命应该是培养有能力的人，而培养有能力的人的方法，就是使教师在自己的实践活动中反思自己应该掌握怎样的知识、技能、理解力，获得怎样的职业态度、价值观以及人生的追求。

[1] MalcolmS.Knowles，Elwood F.HoltonIIIand Richard A.Swanson，The AdultLearner-The Definitive Classicin Adult Educationand Human Resource Development，Fifth Edition，1998，gulfPublishing Company，P65.

因此，教师的培训就是要帮助教师获得独立的培训能力，以适应不断变化的时代。如果我们生活的时代是一个社会变化的周期大于个体生命周期的时代，那么我们可以把教师的培训过程定义为一个传授已知知识的过程。在这种情况下，以往我们掌握的知识会终身保持其价值和有用性，会使我们终身受用。而今天，主要的社会变化的周期比人的生命的周期短得多。因此，在我们的教师的培训中，我们必须使教师获得应对各种各样变化的能力，而这种能力中最重要的就是自我反思批判的能力。

根据我们的研究，目前教师培训中存在的问题概括起来有以下几个方面：一是培训的理念上没有明确培训的主要目的，没有充分肯定教师成长的主动性和自主性，没有给予教师充分的表达权，所谓的培训大多都是让教师去听讲，很少让教师去表达和参与研讨；二是培训的形式上主要是讲座式，听课、观摩等实践活动很少；三是培训的内容上偏重于理论，缺少实践经验的支撑，这与邀请的培训专家有关，目前培训专家的来源主要是高校，高校的教授以理论研究见长，讲授理论是很自然的，但是对于实践中的教师来说，更需要的可能不是理论，而是基于实践的适度提升；四是培训的时间上以假期培训为主，见习式培训很少，集中培训的效率固然很高，但是效果可能会打折扣。此外，还有一个更现实的问题就是教师的工作时间太紧张，学习和培训的时间很有限，对于校长来说，由于工作任务量大，许多校长也不太希望老师外出参加培训，因为学校教师数量有限。这些问题共同制约着培训效果的如期实现，对此，我们提出教师培训应注意以下几点。

（一）培训理念上做到有效贴近实践

研究发现，卓越教师发展呈现明显的阶段特征，每位教师在不同阶段的发展需求是不同的。因此，培训的设计初衷应该是满足不同层次教师的需求。正如老师所说："老师都有丰富的实践经验，但是缺少一种理性的提升。有时候做出了一个很好的设计，但是可以用哪个理论来支撑和解释，也不知道顺应了学生哪个心理，或者符合哪个教育教学原则。所以，对于教师进行理论方面的培训是必要的，但是不能太多太深。另外，不同层面的教师需要有不同的平台，也需要有不同的知识。新教师，侧重于操作层面的知识，比如教学的常规、教材教学设计的基本规律等。一旦成了骨干教师之后，可能就需要在教育理念上进行指导。还有就是自身的素养也要丰厚一些。""教师发展"应当建立在"我为你搭梯子，你要去登高楼"的理念上。也就是说，是"为教师谋福利"。（企业界有云："培训是最好的福利"）道理很简单：教师专业化程度越高，饭碗捧得越牢，饭碗变得越值钱。此外，培训还应当具有明显的引领性，多邀请那些在教育实践中有影响的教师来介绍经验。这是因为教师成长的动力多源于精神层面，教师的教育信念、情感的形成与养成更多的是受到榜样人物影响的结果，名师的高尚人格、对学生真挚的爱、对教育发自内心的信仰等，都是可以慢慢地渗透到普通教师身上的。因此，我们可以参照以下思路：

1. 高度重视职教新教师群体的入职培训工作

英国政府在 1972 年的《教育：一个扩展的框架》白皮书中指出："……世上仍没有

一种重要的职业能期望新的就业者马上能做出充分的贡献……每一位教师在其任职初期，需要且应该匀出部分时间参加系统的熟悉专业、有指导的教学体验和进修的方案”。英国实行二十余年的新教师入职培训制度的实践经验表明：新教师接受必要的入职培训，接受有经验的教师的指导，可以大大缩短其适应期，熟悉学校的教学过程，在尽可能短的时间内胜任教学工作，并为其以后专业成长奠定基础。入职培训给新教师提供了课堂教学实践的机会，在入职培训过程中，新教师被看成是学习者，不管是否有师范教育的背景，他们在实践中都能进一步加深有关教学的正确观念。职教教师教育的培养目标是培养能胜任职业教育教学工作的教师，而职教教师相对于普教教师而言，其素质构成更具复杂性。他们除了掌握本专业的学科理论知识体系、教育教学方法外，还必须有本专业的实践经验，了解本专业一线的技术应用前沿成果，同时能为学生进行示范讲解，即使是文化课教师，也应对学生的专业情况有所了解。

简而言之，职教教师的基本质量规格就是“双师型”，即“教师＋专业工程师”。为此，有的职技高师提出毕业生必须拥有三证，即毕业证、教师技能证、专业技能等级证，以此来达到学术性、师范性、技术性的统一。然而在实践中，由于多渠道师资来源等原因，职教教师教育这三者的关系问题一直是一个难以平衡的问题。威迪恩等人对 20 世纪 90 年代以来的 25 项研究进行了回顾，认为教师获得有关教学知识之后并不能保证其能自发地成功运用于实践，所以要达到培养和建立一支高质量职教教师队伍的目标，必须重视职教新教师的入职培训问题。

2. 强调导师对职教新教师的作用

英国的新教师入职培训制度强调要为新教师指派经验丰富的教师作为导师，帮助和监督新教师的工作。在导师的帮助下，新教师学习“如何教”而不是“教什么”，从而把教学定位在操作层面上而不是理论层面上。而且在导师的指导下，新教师可以尽快明确胜任当前教学工作所需要的知识和技能，并根据自己的情况确定自己的专业成长目标，再依据目标制定行动计划，确保目标的达成，促进专业成长。我国传统教育中也提倡“以老带新”，但相对于规范的英国新教师入职培训制度，我们的指导缺乏系统性，带有一定的随意和盲目性。在具体的指导实践中，一个有经验和技能的导师对新教师不应该仅仅是“传、帮、带”，不仅是物质和精神上的关心和支持，而更应该在明确新教师专业发展的基本需求、设定专业成长目标和行动计划等层面给新教师提供科学有效的指导，使新教师少走弯路，尽快成长。因此从这个意义上说导师的素质也就显得至关重要，应该成为一个新的研究课题。

3. 建立全新的职教教师培养模式

在我国，职教师资的培养大部分沿用普通师资的培养模式，即“学校本位”模式，学生绝大部分时间在课堂进行理论学习，到企业、学校实习一般只有比较短的时间，从普通高校来的毕业生则更缺少见习和实习，以致很多新教师因为缺少在实际工作场景中的训练，上岗前对自己即将工作的环境、工作性质一无所知或知之甚少，这样不仅教后适应期较长，对其专业成长也会产生影响。从教师的专业成长来看，入职培训职前师范教育和在职培训是教师专业成长的两个独立阶段，也是世界各国的新教师的培养和在职教师教学水平提高的常规途径，这种做法的负面影响是人为地割裂和孤立了教师成长的连续进程。

其实，对于任何一个教师来说，其专业成长应是一个连续的过程，专业培养要贯穿于师资培养和提高的全过程。在职前培养和在职培训之间应该有一个从职前准备到教学实践的过渡阶段和环节，入职培训正是起这样一种作用。入职培训制度的正式建立，使得师资培养与提高真正成为一个连续不间断的过程。因此，入职培训也应该引入到职教新教师培训当中，成为职教教师培养模式的一部分。把入职培训引入职教师资培养过程中，不仅更加符合教师成长的规律，而且也会使职教教师培养方式更加规范和科学，可有效弥补一部分从工矿企业直接过来的职教老师不懂得教育教学原理以及由于教育培养体制的封闭性而导致的师范教育质量不高、新教师不能很好适应和胜任教学工作等方面的缺陷，有利于提高新教师的素质，保证教师队伍的稳定，从而从根本上为职教质量的提高提供保障。

（二）培训形式上大力倡导校本研修

所谓校本研修是指在学校的领导下，以教师自身及其所在学校的特点和需要为基础，以提高教师的专业修养为目的，以不断深化教育改革和优化学生成长环境为内容，以自主、合作、探究性学习为主要形式，以教师作为主体的学习型组织为交流平台，在专业人士咨询指导和专业信息的引导下，通过有目的、有计划、有组织、有系统的研究性学习和实践锻炼，促进教师自主成长的一种教师继续教育。[1]校本研修在各种培训形式中是一个很务实、很有效的做法。我们研究发现重要他人对教师成长具有很重要的影响。我们就可以利用这一点，在学校层面主动为教师提供重要他人，倡导师徒结对，甚至在区域范围内找师傅、收徒弟。老师提出的导师工程，实质上就是利用了重要他人的影响促进教师的发展。每一所学校各有不同，不管是文化底蕴也好，生源结构也好，还是办学目标也好，各有各的特点。所以，如何让每一个教师都能人尽其才，得到最好的发展，从而让每一个学生都能得到最好的发展，最有效的途径之一是结合学校实际加强校本研修。

为促进教师发展，可在各校开展三个层级的“导师工程”。层级一：三年以下教龄新任教师拜师学艺的“青蓝工程”，学校内部开展，建立学习台账机制。层级二：校内名师、学科带头人带徒骨干教师的“登高工程”，学校内部或合作学校内开展，建立课题研究机制。层级三：省内外、全国名师带徒我市名师、学科带头人的“脱颖工程”，全市范围内开展，尝试建立专家访学机制。

对于校本研修，培训主要是学历进修、专家报告、自读书刊。认为“教师培训”必须与校本教研、校本培训紧密结合起来。校本教研作为以新课程为导向，以课程实施过程中教师所面对的各种具体问题为对象，以教师为研究主体，以行动研究为主要方式，以理论和专职研究人员的专业引领为催化剂的教研方式，应当是“教师培训”的主阵地。认为“教师培训”在行政推动上不能一刀切。教师是个体性的，教师发展也就必然是个性化的、人

[1] 周冬祥．校本研修：理论与实务[M]．武汉：华中师范大学出版社，2007.

性化的。培训应当有更多的人性化考虑。现在的暑期新课程培训，在时间的安排上，就还可以更加人性化一点。据了解，外地教师或者就是硬着头皮请假，或者就是赶来培训一天然后再回老家。本地教师也有被这一天培训打乱了暑期计划的。既然只有一天，为什么就不能后移几天，放到学校开学之前，和校本培训衔接起来呢？在内容的安排上，也可以采用菜单式培训，让教师有选择的余地。人性化的设计，才能真正使教师的自主学习、课题讨论、案例分析、研读反思、教师培训等有所结合。

（三）培训内容上注重体现生成多样

通过教师培训主题的理论建构为培训内容，尤其是课程的设计提供了必要的理论基础，确定了教师培训项目设计的边界。教师培训的内容可以是多种形成，可以有静态的课程，培训管理部门习惯于建立课程资源库，总以为把课程资源库建立起来可以有效地进行选择，从而保证培训有效性，问题在于教师培训的内容或课程实施如何与教师的需求和主题相一致？需求因对象变量而体现出多样性，主题因需求的变化而体现多样性，培训内容或课程也因需求和主题的多样性而无法以静态的课程资源来进行“对号入座”，需要面对的一个现实是，专家都具有较强的自我建构能力，通常不太可能依据某一个静态课程来选择培训内容，这很容易使课程资源成为“摆设”。更重要的是，参加培训的教师存在着多种矛盾，工学矛盾、因制度规定而“被迫”培训导致的学而不习的心理矛盾等，这些矛盾显然影响培训实施的过程和效果。因此如何使教师培训效果真正体现出来？这就涉及到一个更重要的教师培训内容的核心要素，就是“生成性”。只要培训实施过程中体现“生成性”就能有效地激发教师的学习兴趣，因为“生成性”的产生机制在于教师的需求和内在需要。教师培训内容的生成性主要基于教师作为成人学习的特征的考虑。

成人学习心理学中把成人学习的核心特征归结于学习者的主体性和学习的建构性，成人必须是在解决其内部认知矛盾的自我调控的过程中，通过经验、对话和反思而不断生成知识。[1]因此知识的生成是教师学习作为成人学习的基本过程和结果体现，而基于灌输机制的预设培训则无法体现教师作为学习者的主体性和学习的建构性，效果也自然大打折扣。然而当前教师培训表现出来的最大特征就是培训内容的预设性，这种预设性内容的效果则取决于专家的能力和培训课堂中专家的授课水平。但有一点可以肯定的是，无论预设内容如何丰富，课堂现场气氛如何热烈，如果不是生成性的培训，那么都将是从“钢丝”到“铁丝”再到“粉丝”的递减效应，随着时间的推移，培训内容的信息掌握呈下降直至遗忘的效应。关键的问题是，如何在培训中进行生成？教师培训不在于建立多少资源，而在于培训者如何基于教师的需求在培训现场生成培训资源。并且在教师产生生成性的前提下培训，一方面要做到层次分明，即根据教师所处的不同发展阶段来设计层次不同的培训内容，另一方面培训的内容要兼顾理论指导和实践演示。注重方法和思维方式的指导，多以案例、

[1] Brooks J G，Brooks M G.Insearch of understanding：The case for constructivist classroom[M].Alexandria，VA：Association for Supervision and Curriculum Development，1993. Sandholtz J H.Inservicetraining or professionaldevelopment：Contrasting opportunitiesin a school/university partnership[J]. Teaching and Teacher Education，2002（18）：815-830.

课例、演示、观摩课等形式来进行。教师培训是一个系统过程，理念上重视和尊重，形式上灵活和多样，内容上丰富和有效，那么，培训的效果一定会有很大改观。

（四）培训环境上创设良好学习氛围

在教师的培训中，强调教师的培训内容不要以传授一般知识为主，而应将培训的内容与教师的职业生涯的成长联系起来，讲求培训内容的实效性、应急性、针对性，而不是学术性、系统性、理论性。培训内容应以问题为中心而不是以学科为中心，这是由于教师来参加培训，他们常常是带着问题来的，这一点是十分重要的。但同样重要的是教师培训氛围的创设，应该在教师的培训活动中注重调动教师的参与热情，注重与他们的双向沟通，激发他们培训的兴趣，使他们保持乐观的培训状态。而这种乐观的培训状态的保持需要培训者在培训的过程中加以不断地强化和提示，运用巧妙的启发，使用积极语言，使他们在不断的自我肯定中获得一种成就感，在提供建设性的反馈中主动地参与培训过程，不断地奉献自己的思想火花。因为，教师已有了一定的理论储备，具有了较为丰富的经验积累，有了自己独特的看待问题的视角。教师所具有的这种学识的基础和经验的积累，客观上为培训活动中教学双方的对话、沟通创造了条件。因此，在教师的培训活动中，培训者的作用在于引导和启发，而不在于控制培训的结果，作为培训者不要给教师贴“是与否”的标签，尽量避免负面的评价，为教师的培训建立“是”的肯定模式，避免任何“否”的意识和想法对其培训活动产生影响，从而使教师克服一切培训上的障碍，使他们有充分的机会感受到成功的喜悦，在不断地进步中树立信心和积极的自我形象。培训者在教师的培训活动中所扮演的角色应是一个激发者、促进者、引导者，而不是具体结果的灌输者、控制者、塑造者。基于此，在教师的培训中，如何为教师创设一个宽松的良好培训环境呢？

1. 谦虚、真诚

培训者在培训中，要深入到教师之中，与教师进行交流，倾听他们的看法，把自己的经验与他们进行分享，而不要自以为是，高人一等，人为的在教师之间设置篱笆，导致相互之间的隔阂。建立分享、宽松、公开、真诚的培训氛围，对教师的培训是尤为重要的。

2. 注重培训内容的运用性

当培训者在培训中，帮助通过实际运用所学的知识和技能于教师未来发展的情形中时，将有利于教师的培训。因此，在教师的培训过程中，应当多给教师具体的实例，给他们实践的机会，鼓励他们运用培训到的理论和技能技巧于实际工作中，有利于他们最大限度地积累成功的经验。

3. 方法的多样性和步骤的合理性

在教师的培训活动中，作为培训者必须运用多样的教学方法和开展多样的活动，同时应当运用合理的步骤来呈现培训的内容。不要落于模式化、同一化，应尽可能地运用能够体现培训内容的多媒体技术手段来刺激教师对你所教内容的兴趣。在培训中，要使用教师熟悉的事例，不仅要讲定义、理论和原则，也要运用教师熟悉的事例来加深他们的认识和理解。

4. 要让培训者产生心理相融

教师在培训中，喜欢给予他们额外帮助的培训者。因此作为培训者，在培训中应当给予教师更多的关心和爱抚，关心他们，要与他们进行朋友式的交谈，友好并不会失去别人对你的尊重。作为培训者的尊重来自于你的能力和广博的专业知识。

5. 作出激励性的反应

在培训中，培训者要对教师所表现出来的方方面面作出有变化的、真实的、真诚的反应，这有助于教师认识自己，了解自己的行为方式，这比鼓励他们与其他人进行比较进行培训更有效，这样有助于教师把自己在培训上的成功归功于自己的努力和能力的强烈意识，从而有助于他们培训成功。

6. 鼓励建设性的批评意见

在培训中，培训者要鼓励教师具有建设性的批评意见，同时要开诚布公地呈述自己的看法，要充分运用教师的知识、经验作为培训中的培训资源，建立相互之间的尊重和信任的双赢的培训氛围。

7. 使用非言语交流

在培训中，传递给教师的许多信息来自于培训者的声调、手势、姿态以及其他的非言语交流。诸如培训中培训者和教师之间的皱眉头、微笑、困惑的表情、盯视、叉肩、回避的眼睛等都传递着无声的信息。因此，作为培训者无论是在有声还是无声的交流中，都应该以清楚明晰、开诚布公、尊重信任作为交流的指导性的原则。

8. 提供机会获取培训初期的成功

成功是促进教师进行成功培训的关键因素，毕竟成功来自于动机的极大激发。在培训中，培训者应当想尽办法，帮助每一位教师获取培训的成功，使他们经常获得培训成功的体验。要把培训的内容融于教师的实际经验之中，注重培训内容的实际运用，使教师在培训中体会到自己经验的价值，在这种体验中获取培训成功的愉悦。

除了上述培训事项外，还应该注意以下几个方面的问题：

第一，尊重教师的经验。尊重教师的经验，在一定的意义上，就意味着尊重他们的人格、尊重他们个体的价值，这是教师教育和培训能够充满生命力之所在。所以，如果教师的经验在培训的过程中没有被尊重，没有被当作培训的资源加以利用，他们不会把这种疏忽当作是对其经验的抛弃，而会感觉到是对他们自身的抛弃。因此，在为教师提供的培训活动中，应当让教师参与到培训活动中的教与学的设计和实践中来，只有这样才能把教师的培训活动引向深入，收到应有的效果。

第二，教师的经验构成了他们培训的背景。一方面，教师的经历本身就成为了他们进行各种培训活动的资源，他们积累的经验会为他们在培训新的思想和技能赋予更丰富的内涵；另一方面，在教师的培训中要注重培训方法上的合理运用，应充分强调实践培训和相互培训。在培训方法上，应运用讨论的方法和问题解决训练，开发教师潜在的知识和技能；

同时又运用实地考察，给教师提供实际经验以供他们分析掌握。注重培训资源的合理搭配。

第三，在教师的培训中，小组的构成应注重年龄段的合理搭配，进行有效的组合。由于他们在背景、兴趣、能力以及培训风格上的差异，可以让他们充分利用资源，同时又要强调他们个性化的培训，进行个别化的指导。

第四，对教师的经验应辨证地看待。教师过去积累的经验为他们的培训提供了一种教育的资源，同时，也应该看到经验积累的负面效应，经验积累多了往往容易形成定势，不易接受新的观念，导致教师不愿培训，成为其进一步培训的障碍。对于教师培训中，经验的这种消极作用应当在教师的教与学的过程中予以充分的重视。

四、项目推动：卓越教师精准培育的现实依托

卓越教师是教育教学实践中的优秀教师，实践性是其突出特征。对于教师来说，“实践性知识是教师专业发展的主要知识基础。”❶“教师专业发展的主要内容是提升教师的实践智慧。”❷只有在教育实践中不断学习，才能真正提高自身的专业发展水平。在实践中促进教师发展的一个重要途径就是设立各种教师发展项目，例如教育培训计划、教师研修计划、各级各类课题研究、校本研修、网络远程学习等，这些项目是教师成长的现实依托。对于教育行政部门来说，可以通过这些项目的实施，充分利用外界优质资源来对区域内教师队伍进行指导和培训，提高专业发展整体水平；对于教师个体来说，通过这些项目也可以获得自身专业能力方面的提升和发展，许多优秀教师的成长历程中都有参加各种教师发展项目的经验。

（一）积极开展项目培训

以项目推动卓越教师精准培育主要是通过项目化的培训来推动卓越教师的培育，所谓项目化培训是指以教育行政部门发布的项目为依据而实施的培训。项目化培训会使教师有机会接受高水平的职业教育。培训的层次应该多样化，涉及学校内培训，就是通常说的校本培训，还有地方推出的培训项目，以及依托一些示范院校或者卓越院校而进行的项目，同时也应该结合学校的特色开展国际化的项目培训。在不同层次的项目中，教师的课程改革水平和个人职业能力将得到全面提升。

在项目设计策划中应以教师的教学问题为出发点，以教学研究的方式，既关注理论的引领与学习，又关注理论的实践与运用，通过项目化的系统设计与策划，实现教师教育能力的提升。在具体的培训项目策划中强化“主题统领、任务驱动、理实结合”三原则，经历明确方向、提炼主题、剖析主题、明确任务四环节。

1. 主题统领原则

就是在具体的项目策划中要紧紧围绕培训主题来科学分解与设计，真正让主题贯穿培训的每个环节，切实解决实际教学问题，提高对主题的理解认识与实践。

---

❶ 陈向明．实践性知识：教师专业发展的知识基础 [M]. 北京：大学教育评论，2003（1）：104-112.

❷ 顾冷沅，杨玉东．教师专业发展的校本行动研究 [M]. 教育发展研究，2003（6）：1-7.

2. 任务驱动原则

就是结合培训主题与目标，明确参训学员的学习任务，使所有学员都有理论学习与独立思考、独立设计与自我总结、相互交流与共同提炼的任务，以保证培训活动有序高效实施。

3. 理实结合原则

在具体课程的安排上，要求以师训的理论高度指导教研活动的系列性规范性，以教研工作贴近实际的实践性指导师训工作的针对性有效性，要求以多样化的培训形式，触发教师参与的主动性。

（二）鼓励教师申报课题

课题研究对于教师成长的重要作用,教师成长的最重要阶段之一就是“课题引领阶段”，老师的学习大多是围绕课题研究展开的，从一定意义上说主持或参与课题研究对于教师发展的最大意义就在于在研究过程中教师的研究意识得到培养，研究能力得到提高。一般而言，研究课题都来源于教师的教学实践，通过观察、思考、反思的探究过程，再将研究成果运用于教学实践。因此在课题研究的过程中发现问题、钻研问题、解决问题的需要就会不断激励教师着眼实践，养成善于思考、乐于研究的习惯。

一名卓越教师在教育科研方面的努力和创新主要表现在三个方面。

1. 营造氛围

卓越教师引导身边的教师从教育科研的角度看待自己日常的看上去甚至有些单调、平凡、枯燥的教育教学工作，从而营造出一种浓郁的教育科研氛围。这种科研氛围，不仅成就了卓越教师周围的老师和学生，而且成就了自己。

2. 建立组织

为了强化对教育科研的领导，引导教师进行教育教学研究。制订量化考核标准，对教师教育科研工作从八个方面进行考核、记分，调动教师参与、开展教育教学研究的主动性和积极性。

3. 确定课题

帮助教师确定教育教学研究的题目，主张研究过程的指导与管理。在进行教育科研的过程中，使教师发现一个新的更强大的自我、一个新的更广阔的教学天地，提高了教学效率。在教育实践中，基于卓越教师成长的规律而有意识地设立各种课题，可以在很大程度上提高教师专业发展的水平，增强其专业意识、教学能力和教育素养，为其成长为卓越教师奠定必要的能力基础。

（三）搭建专业发展平台

教师自身主观的钻研和努力固然重要，但发展机遇和发展平台对于教师的专业成长也发挥着不可或缺的作用。在不同层次的平台上，教师能够通过学习和交流大量接触他人的教育教学观念、方法、理论等，也可以在平台上通过自我展示来获得关注和指导。首先，老教师的传帮带、领导的关心固然很重要，但关键是要给这些教师一定的平台，特别是要给予更多的展示、交流、观摩的机会。其次，对于教师队伍的引领，特别是政策的制定，包括职称评审、评优推先等方面，政策的制定一定要非常科学合理，这一点对教师的激励也非常重要。最后，对于教师持续的引领和指导。当教师到了某个阶段，有一种成就感满足感的时候，可能到了一个新的瓶颈，可能就会满足现状。比如一些教师评到高级后，可能就没有更多的追求，这个时候，对于教师的引领，特别是对骨干优秀教师，既要给他压力又要给他动力，这个与政策导向有很大的关系。

因此，要提高教师素质、保障教师自主发展，就必须搭建合理、高效的分层递进式发展平台。事实上，卓越教师发展和培育机制还需要有社会大环境的支持和保障。全社会应当大力弘扬尊师重教的优良传统，应当切实提高教师的社会地位和职业待遇，让教师真正感受专业尊严；还要从时代和未来社会发展的需要出发，优化现行教育体制，赋予教师更大的专业自主权，鼓励教师开拓进取、锐意创新，充分激发教师的实践智慧；最终让教育成为每位教师的生存方式，成为每位教师自我实现的唯一途径，成为人人向往的事业。

五、团队合作：卓越教师精准培育的同伴支持

卓越教师发展组织对于卓越教师的发展也发挥着必不可少的支持作用。梁启超专门写作《论学会》一文，指出："道莫善于群，莫不善于独。独故塞，塞故愚，愚故弱；群故通，通故智，智故强。""今欲振中国，在广人才；欲广人才，在兴学会。"[1]"学会"，就是一种由志同道合的人组成的组织。在组织内，大家相互交流、取长补短、互帮互励、共同发展。对于卓越教师，特别是年轻卓越教师来说，组织内部优秀卓越教师的榜样对于他们的发展具有重要的引领价值。"当我们普通的卓越教师、年轻的卓越教师，其身边有了具体的、可以仿效的诸多榜样时，可以肯定地讲，他们就能尽快缩小与榜样的差距，就能尽快地成为榜样，就能很好地为人师表。如是，学生幸矣，教育幸矣，社会幸矣。"[2]老师以卓越教师团队为问责和奖惩对象，极大地调动了卓越教师之间的团结和合作，促进了一大批卓越教师的发展。可见，团队合作对于促进卓越教师发展具有很大的作用。因此，包括学校和教育主管部门需要有意识构建有助于卓越教师发展的组织或团队，培育卓越教师发展的良好"土壤"，激励卓越教师快速发展。

（一）树立卓越教师团队合作的基本理念

合作是一种理念，一种文化形态，是指个人或群体为达到某一共同目标彼此通过协调作用而形成联合行动的一种社会互动方式。从合作的结构上分析，合作不仅包括合作的行为，还包括合作的认知、合作的情感和合作的技能。对于卓越教师而言，合作是指卓越教师个人或群体基于一定的目标，相互支持、交流信息、分享智慧，共同提高专业素养、实现自身价值的一种互动方式。互补、互动、分享、交流、倾听、尊重、交往等都是合作的表现形式。

[1] 沈鹏．梁启超全集 [M]. 北京：北京出版社，1999：26.，2003：353.

[2] 明庆华，程斯辉．论卓越教师也需要榜样 [J]. 教育参考，2003，（5）.

卓越教师团队合作是指为实现卓越教师的专业成长和专业发展，来自不同学科的卓越教师在共同目标指引下，形成共同的价值追求，自愿组成团队、开展合作的过程。在这个团队中，每一位卓越教师都是不可或缺的因素，团队有明确的合作理念、必须遵循的合作原则、相对稳定的合作方式以及与合作相适应的评价方式。各个成员之间能够相互尊重、彼此协调，都清楚自己在团队中的作用，并根据自己的学科特点给其他卓越教师提供必要的信息和适时的指导，集群体之优势形成合力，推进教育教学改革。

首先，卓越教师必须有明确的合作理念。一个卓越教师不必完成课程的所有环节，而学生的学习也不再局限于同一教学班级。在这种情况下，只有通过卓越教师之间团队合作，才能保证大小课在内容和时间上的合理安排和有效衔接。

其次，卓越教师必须有平等的意识。团队中每一位卓越教师之间以及卓越教师和学生之间都是平等的，每名成员都感到被尊重。例如，每个人都能自在地发表意见，发现项目中的问题和提出改进措施。

再次，卓越教师必须有信任的基础，也就是团队成员之间具有信任感。例如，每个成员具备完成指定工作的道德品质和业务能力，每个成员会准时出席会议、按时完成份内的工作。

最后，卓越教师必须有合作的热情。只有团队的每一个人积极地与集体中的他人进行有效合作，并一起对共同的事业全力以赴，整个团队才能发挥最大的效用。

（二）发挥团队合作对教师成长的促进作用

1. 有利于提高卓越教师的合作意识和能力，激发整体潜能

有效合作的文化氛围并不只停留在激发情感和动机的水平上，而是以分享、信任、支持、日常工作为中心，以共同的工作和促进成长为特征。“合作对于个人的学习非常重要。如果我们不与人交往，我们能够学到的东西是有限的。合作的能力不论在小范围还是大范围内，在后现代社会正在成为十分需要的能力之一。只要他思想开放（即提倡探索），个人的力量与有效的合作相结合将变得更为巨大。”[1]卓越教师团队合作学习为卓越教师从孤立走向合作搭建了一座桥梁，可以培养卓越教师的合作意识和合作技能，营造信任、和谐、合作、互助的卓越教师生态文化。首先，卓越教师通过反复的合作学习体验可以更好地认识自我，有效管理自己的情绪，并逐渐培养社会敏感性，从而准确体察他人情绪，感知他人所期望的行为，发展达到这种期望所需要的实际技巧，建立亲密的关系，使自己从与团队成员的互动中获益并培养自己与他人的有效协作能力；其次，在不断的成功合作学习实践过程中，卓越教师体会到合作学习的价值，学会互爱、提高自尊，增进彼此间的信任感、归属感，更多地具有对他人的支持行为，提高群体努力的满意度，培养合作意识和合作情感，激发卓越教师团队的整体潜能，进而建立和谐的卓越教师合作文化。

2. 有利于促进教研信息共享，优化卓越教师知识结构

知识共享是一个彼此启发、感悟、领会、知识沉淀的过程。研究表明，知识本身具有

[1] 迈克·富兰. 变革的力量——透视教育改革 [M]. 北京：教育科学出版社，2000.

“报酬递增”的特征，即分享知识的人越多，知识的效益就越大。对于卓越教师而言，只有当每位卓越教师都开放自己的知识体系，与他人共享经验时，才能使每位卓越教师都有机会把他人“知识库”中的库存“化为己有”，才能丰富自己的知识经验体系。正如迈克·富兰所言：“如果我们不与人交往，我们能学到的东西是有限的。”卓越教师只有在参与知识分享的过程中，通过自我呈现和他人请问等手段才能使其原本模糊的“缄默知识”显性化，才能使原本不完美的知识得到修正和完善。卓越教师团队合作学习不仅在于协作互助，实质上是建立一个卓越教师团队的知识共享平台，以系统思想、深度合作和知识管理为基础，通过在信息、行动、情感、价值之间建立有机的、协同发展的联系，改变传统学习机制中个体分散、联系不紧密的弊端，形成一个卓越教师学习共享系统，让卓越教师借助团队集体智慧解决个人困境，构成一种加速个人智慧学习和实践创新的良性循环，促使高于个人的团队专业水平的提高。卓越教师团队合作学习集中体现了生态取向下卓越教师专业发展的价值观和基本内容，异质卓越教师团队伙伴平等地生活在教育生态系统中，以教学中的实际问题为出发点和归宿，以深度合作和知识共享为核心，使卓越教师发展从个体取向转为群体取向，从技术理性取向转为探究合作取向，从被动受训转向主体参与、主动建构，营造卓越教师学习和发展的生态环境。

3. 有利于促进卓越教师创造性的发展，保持进取精神

卓越教师的创造性是卓越教师专业发展的一个重要方面，其发展取决于卓越教师从其同伴和管理人员那里获得专业上和人格上的支持。同时，卓越教师创新性发展会受到文化特别是卓越教师文化的影响。正如 1972 年联合国教科文组织教育委员会在提出的报告《学会生存》中指出的：“人的创造能力是容易受文化影响的能力，是最能开发并超越人类自身的能力，也是最容易受到压抑和挫折的能力。”著名的心理学家罗杰斯认为：“适度的心理安全和心理自由是创造性活动的一般条件。”也就是说当人们感觉到自己在被人承认、信任、理解，在受到别人尊重的同时意识到自己是自我的主人，可以自主地决定自己行为的时候，是创造性能得到充分发挥的时候。

4. 有利于激发卓越教师的主体性与反思意识，促进卓越教师的专业发展

利伯曼曾指出：“有效的卓越教师专业发展建立在需求、反思和参与者需求驱使的尝试上。”美国心理学家波斯纳（Posner）提出的“经验 + 反思 = 成长”的经典公式更是成为后来众多研究反思的学者引用的论据。可见，在有关卓越教师专业化的研究中，卓越教师应具备自我反思的能力，应成为反思性实践者。它要求卓越教师经常解剖自己的思想，要求卓越教师经常用自我批评的方式反省自身行为，要求卓越教师从团队合作中找到参照和榜样，不断完善自我，在专业发展中实现自己的质的飞跃，且卓越教师是学习和发展的主体，但以往的卓越教师培训具有明显的外部依存性，未能充分体现卓越教师的主体地位，卓越教师参训的内生动力不足，难以实现培训成果的及时转化，多有“被培训”的意味，最终压抑卓越教师学习兴趣，破坏卓越教师学习生态。卓越教师团队合作学习的学习主体是具有共生关系的卓越教师团队，是卓越教师主动的自我建构与社会建构的经验获得过程，

是一种适应性而非规定性的模式，合作的结果则是一种积极的互依，它所带来的人际互动表现为彼此促进成就，从而导致个体较高的成就、积极的人际关系以及个体健康的心理状态。首先，激发卓越教师的学习动机。合作情境有效地发挥了团队伙伴的交互作用和群体效应，注重资源整合，能使学习行为更有效，具有更大的成功可能性，减缓了卓越教师心理压力，利于提高学习与研究的意向和动机。其次，卓越教师团队合作学习强调学习过程的交互性，反馈及时，建立完善的交流机制能够拓宽每个成员信息的获取渠道，促进优势互补和知识共享，形成教育教学合力，引导卓越教师打破思维定势，审思自身教育实践，唤醒专业自觉性，激发专业发展欲望。最后，卓越教师团队合作学习使卓越教师在解决实际问题中，掌握学习方法，发挥自身的教育潜能，增强自我效能感，从而激发专业发展的责任感、成就感以及卓越教师专业发展的主体性。

5. 有利于卓越教师实践知识的获取、创造和传播，发展创新能力

卓越教师团队合作学习是在卓越教师发展个人学习和相互有效配合的基础上，相互促进、相融互补，实现实践智慧的对话与共享。卓越教师的定律，一言以蔽之，就是一旦你今日停止了成长，明日你就将停止教学。也就是说，教师从教之日，便应是重新学习之时。马卡连柯曾说："教育者的技巧，并不是一门什么需要天才的艺术，但它是一门需要学习才能掌握的专业。"美国著名心理学家桑代克研究指出："人的学习能量，永不停止，成人的可塑性或可教育性仍很大。"所以，卓越教师应该学会学习并且能够善于保持学习的主动性和持续性，这样才能更加灵活地应对复杂多变的各种教学情境，才能为卓越教师增添智慧的力量，才能更好地促进自身独立自主的发展。"把学习引入日常教学工作中"，就是要让创造伴随着卓越教师专业的无限发展。卓越教师专业发展的传统培养模式过于强调教育理论，注重掌握教育原理和知识，容易与教育实践相脱离，卓越教师掌握的理论知识是静态的、封闭的、单方面的，偏离卓越教师专业发展生态，但通过教师合作学习有利于卓越教师澄清问题、反思观念，为表达观点与困惑提供了机会，合作学习与实践反思使卓越教师在自我呈现和他人诘问中对个人的观点、信念和假设进行反思、澄清和修正，克服思维中的盲点，改进思维方式及思考问题的角度，矫正习焉不察的陈见，不断突破既有的教学信念和行为。合作学习也给不同观点的建设性冲突提供了机会，并从冲突中受到启示，摆脱习惯性思维的影响，改善心智模式，发展创新意识和应变能力。

6. 有利于打造具有较强凝聚力的卓越教师队伍

团队分工合作意味着成员之间多次相互帮助，它有利于建立、增加相互间信任，使得团队产生较强的合力，通过团队合作可以做到个人或者局部力量无法完成的事情，从而可以打造一个有较强凝聚力的卓越教师队伍。

（三）提高教学团队合作能力和创新能力

教学团队中的每个成员都有自己的特长，但是这些成员如果没有奉献精神、缺乏合作意识，那么无论这个团队的成员学历有多高、技术有多精、学识有多深，团队成员的力量

也不会朝着有利的方向发展，将会严重影响团队的运作效率。提高团队合作能力，应该做好以下几个方面的工作。

1. 倡导卓越教师合作文化，组建各种专业性的非正式组织

倡导卓越教师的合作文化，实质就是鼓励卓越教师之间开展真正的研讨、真实的互帮互助，而根本不同于那种只说好话，冠冕堂皇的“教研活动”。合作文化的培育不可能凭空产生，它需要一定的环境和载体，因此构建卓越教师学习与发展共同体势在必行。这种共同体可以是研讨小组、学会，也可以是沙龙或其他，但它们的共同点就是都属于非正式组织，完全区别于那种受制度束缚的、以权威的维持为目的的而无视卓越教师真实需求和自主发展要求的正式组织环境。这些非正式群体，可以组织各种活动、交流思想、共同进步，比较有代表性的就是开展教育教学活动的沙龙。[1]某位卓越教师说：“沙龙营造的浓烈的学习氛围，不断激发着我的教育激情；沙龙严格规范的制度，时刻催促我扬起进取的理想风帆；沙龙组织的丰富多彩的活动，更是不断刷新着我的教育理想、教育理念。最让我受益的是沙龙让我们拥有了和专家对话的平台。”另一位卓越教师讲道：“沙龙里面的每一个人都是一本书，都有一段经历，都有一个使命、一种思想。我们在与同伴的交流中学到求实的精神，在对事业的共同追求中激扬着人生，塑造了执着的自我、全新的自我。行千里路，听百家言，交八方友，人生因沙龙而精彩。三年的沙龙活动带给我及每位成员的，是不知不觉中思维方式的变革、教学技艺的飞跃和教育理念的提升。”

2. 建立反思性对话意识，促进深入交流

“对话既指向过去，是对过去的历程、事件的回顾、思考，又指向未来的可能性的探讨，具有问题性、自主性、建构性的特点。”[2]卓越教师团队主体之间的异质性和多元化，为对话提供特殊的看待问题的视角。视界之间的差异使团队成员之间能够相互补充、对抗和整合彼此的知识、能力、观点和创造性思维，实现多种视界的沟通与融合。视界交融的结果是学习主体认知结构的不断改组与重建。对话的关键成分包括意义之分享、集体思维的本质、分裂现象的普遍性、注意的功能、微文化环境、不预定目的之探索、客观性的纯粹友谊以及观察者和被观察者之间的悖论等。[3]反思性对话过程中会出现协作建构和建设性冲突两种类型的交互。协作建构是团队成员共同改善、建构或修正原有的知识，改善和拓展彼此既存的思维、语言和行为的方式，分享意义并获得共识。对话过程中也会发生建设性冲突，建设性冲突能够激发成员的某种情感状态，并且这种情感状态会消融他们最初的、根本性的认知和信念，从而引发深入交流。

3. 成立名师发展共同体或名师工作室，引领卓越教师高位发展

名师是一个约定俗成的称呼，通常指在某一教育教学领域取得不错成绩、享有一定知名度和影响力的卓越教师。每位名师身上都蕴含着因多年的教学经验而积累下来的丰厚的

[1] 秦德林．可持续发展：特级卓越教师的诗意人生 [M]. 南京：江苏教育出版社，2006：99.

[2] 马佳，陈向明．开启教育行动研究中的反思性对话：问题、原因与策略——校外协同研究者的视角 [J]. 教育学术月刊，2011（2）：3-7.

[3] 吴振利，饶从满．论非正式松散合作性高校卓越教师教学发展 [J]. 教育研究，2011（1）：73-77.

教育教学资源，他们具备先进的教育教学理念与较强的课堂实践能力。如何激活这个群体的能量使他们在已有成就之外树立更高的标杆？如何开发和利用名师这座宝藏，盘活和放大名师资源，使他们能够引领学校全体卓越教师共同发展？[1]名师共同体或名师工作室的成立正是解决这些问题的重要路径。正如老师所说的：名师共同体成员本来就是名师，有一定的发展自觉性，对名师自身发展有很大的促进作用，同时也可以带动一大批卓越教师发展，比如通过沙龙互相学习、交流，定期组织一些研讨课、展示课等。基于卓越教师发展中心而成立各学科发展共同体，将名师集合起来组成名师发展共同体，建立以名师为中心的名师工作室，建立具有本校或区域特色的教研组、备课组、课题组等。这些正式的、非正式的组织将为卓越教师的发展提供多层多样的平台，也将凝聚广大卓越教师共同的智慧，实现智慧共享、成长均衡、和谐共赢的卓越教师发展局面。

4. 遴选专业带头人，形成高绩效的合作

专业带头人是团队的核心和灵魂。要形成高绩效的合作团队，需要专业带头人不仅要具备专业知识、技能、表达、管理、沟通等基本能力，还需形成自己的人格魅力，以身作则、身先士卒，用战略的眼光向团队成员表述团队各阶段目标，用坚定的毅力和较强的协调激励能力带动整个团队不畏困难、坚持到底的勇气，用高效的执行力，全心全意地投入合作团队中去，发现问题及时解决，保质保量地完成教学团队每个阶段的工作任务。

5. 处理好职责与权益的关系，形成愉快的合作

一个专业教学团队所拥有的资源是有限的，为了提高这些资源的使用效率，其分配必须按照公平与效率的原则进行，而非平均的方式进行。否则会引起部分成员的心理失衡，特别是团队中的资金、名誉、地位、权力等资源越是稀缺，越容易造成一部分成员心理失衡。因此，专业带头人要对团队中的分工以及分工带来的职责和权益有清晰的认识，让每个人在团队中都有各自的分工及相对应的职责，在工作过程中与他人和谐相处，形成有效合作团队。

6. 共享知识与经验，生成团体智慧

共享是团队成员之间交流知识、经验、资源或创新思维的过程，一方面促进知识由个人扩散到团队，发挥群体效应，生成团队智慧；另一方面促进卓越教师知识迁移，将隐性知识显性化，通过促进性互动进行卓越教师专业知识的外显、传递、吸收和重构。在协作共享与交流融合中共同建构实践知识。共享的深度（共享的细节层次）和广度（团队成员的参与率）决定了合作学习的质量。卓越教师团队合作学习实质上是建立一个卓越教师团队的知识共享平台，通过成员之间的交互作用和团队效应，卓越教师以一种真实的情境性和社会性方式共享知识，在互动中形成团队共享心智模式。知识间的相互转化及知识共享必须有“场”的支撑。创设分享与创造知识的团队“学习场”，如观摩型学习场、研讨型学习场和实践型学习场，卓越教师团队成员共同参与课堂观摩，学习实践的逻辑，共享个人实践，这样学习内容可及时转变为课堂的实践成果。

[1] 卢谦．名师共同体：卓越教师专业发展的重要路径 [J]. 江苏教育，2013（6）：55.

7. 保持有效沟通，形成坦诚的合作团队

卓越教师团队合作学习活动发生在人际交互过程中，合作互动是学习的主要方式。同在一个团队工作，团队成员之间会存在某些差异，知识、能力、经历造成他们在对待工作时会产生不同的想法。交流是协调的开始，把自己的想法说出来，通过顺畅的渠道交换信息。团队成员间的互动特征可从三个维度进行分析：一是相互理解性，当有卓越教师提出关键信息或提议后，其他团队成员能及时识别、认同或加以重视，继而深入讨论，进行修正、补充、完善等；二是相互支持性，在发现或感到团队内产生疑问、出现知识盲点等情况时，团队成员能相互提供相应的解释、信息或指导；三是相互监控性，在团队合作学习时，偏离信息或无价值、错误的提议能及时被质疑、识别或否定，即把持问题方向和重点。以上特征反映出团队成员的促进性互动状况。有研究者把促进性互动模式的认知特征归纳为：相互提供高效率和有效能的支持和帮助，相互交换所需的资源并迅速而有效地加工信息，互相提供反馈以便提高后续要完成任务的质量和责任心，相互质疑和解释彼此的结论以产生高质量的决策，对所讨论的问题有更深入的了解。[1]专业带头人和团队成员之间要及时地进行信息反馈，这种良好的沟通，便于专业带头人指导团队成员的行动，消除误解。

8. 完善制度保障，形成有共同愿景的合作

没有规矩不成方圆，完善的制度保障能够增强教学团队的凝聚力。要建立共同的愿景，让团队成员愿意为了实现这一目标而出谋划策。要有合理的激励制度，激发团队成员工作的积极性和主动性，物质激励和精神激励兼有。要建立对团队成员定期培训的制度，包括技术、技能和人际沟通能力等方面的培训，这样的培训有利于团队成员重新获得信心，增强彼此的信任和工作的积极性，使团队合作更加顺利有效。

六、制度建设：卓越教师精准培育的规则保障

制度是具有权威性的规则、标准和行动方案的集合，对于规范活动、凝聚组织成员达到特定的目标发挥着重要的保障作用。对于卓越教师成长来说，必要的制度能够使卓越教师发展有章可循，也可以为卓越教师队伍的专业发展提供必要的指导和规范。有助于培育卓越教师的制度，如果说以往的教育家、卓越教师的成长都是自然发展的结果，都是个人努力中偶然形成的，现代卓越教师更多体现为一个群体，是有组织、有目的、有意识培养培育的结果。加强制度建设，是加强职业院校师德建设的重要路径选择。因为制度更带有根本性、全局性、稳定性和长期性。要建立完善工作领导机制、学习培训机制、师德建设主题活动机制、民主评议机制和社会监督机制，通过制度建设，提高职业院校师德建设的科学化水平。

（一）阻碍卓越教师培育制度建设的主要因素

从改革开放以来我国培育卓越教师制度的进展可以看出，我国已基本形成了培育卓越教师制度框架，为推进培育卓越教师发展做出了积极贡献。但与培育卓越教师发展的要求、

[1] 彭杜宏，刘电芝．认知互动：团队学习内部过程的透视 [J]. 教育学报，2009（4）：40-46.

与发达国家培育卓越教师制度建设相比仍存在较大差距，主要面临以下问题。

1. 对培育卓越教师内涵的片面性理解

培育卓越教师技能化。培育卓越教师技能化是指片面重视卓越教师专业中客观、普遍和价值中立的教育科学知识，把各种各样的教育技能作为培育卓越教师活动的核心，把教育科学描绘成一套技术的知识和技能，把卓越教师职业等同于程序型职业。这种片面性的理解使得在职前培养或职后继续教育中，偏重于卓越教师对知识、技能的学习与掌握，而对卓越教师专业态度、专业自我的养成及专业境界的提升等方面没能得到足够的重视。事实上，“在卓越教师教育活动中起决定作用的实际是卓越教师对人性、人生和教育内涵的理解及在此基础上的个人潜能的发挥，支撑卓越教师职业的主要是其教育理念及在此基础上而生成的教育智慧。”[1]把培育卓越教师过程等同于单一的技术化过程，客观上使卓越教师渐渐地失去了批判地分析、思考复杂的教学背景和过程的愿望和能力，放弃根据自己的思考而决定自己行动的责任感。当前卓越教师普遍存在的重教书、轻育人的现象与对培育卓越教师内涵的技能化理解有内在关联。

2. 培育卓越教师制度建设主体单一，制度创新力度偏弱

我国各类具体的有关培育卓越教师制度几乎都是自上而下地由中央政府提出并颁布的，地方政府、卓越教师专业组织、学校及其他社会组织受种种条件限制，参与有关培育卓越教师制度建设的空间有限，更谈不上卓越教师制度建设主体作用的发挥。推进卓越教师发展虽然应当充分发挥政府的积极作用，但政府不可能代替其他主体发挥作用，更不是唯一的主体。因为，卓越教师涉及卓越教师职业地位的改善、职业报酬的提高、教育权力的重新划分、教育资源的重新配置、卓越教师社会关系的调整等。由此，培育卓越教师制度建设就必然需要中央政府、地方政府、学校管理者和有关培育卓越教师的其他社会组织共同努力才能实现。有关培育卓越教师制度建设应当是多主体的，如美国联邦政府、各州政府、美国有关培育卓越教师协会、全美教育协会以及许多民间社会组织等，都是有关培育卓越教师制度的重要参与者。我国有关培育卓越教师制度建设主体单一弱化了制度创新力度，近几年来，虽然建立起许多有关培育卓越教师制度，如有关培育卓越教师资格证书制度、教育硕士制度、综合大学举办师范教育制度等，但实际上这些制度通常是对发达国家相关制度的学习与改造。作为一个后发外生型的发展中国家，学习、借鉴发达国家的先进制度是必要的，也是合理的，但有关培育卓越教师专业化制度建设过程，主要应立足于本国有关培育卓越教师发展的现实问题，对现有制度进行改造并建立新制度。换言之，主要是制度创新，而不是制度学习与借鉴。

据调查显示，我国职业院校卓越教师的职业倦怠比例近年来呈上升趋势。研究表明，卓越教师的一个重要特质就是研究能力强，研究能力强的卓越教师往往不存在倦怠情况。也就是说，卓越教师往往表现为富有活力。由此，提高卓越教师的研究能力成为提高卓越教师队伍质量的关键之一。

---

[1] 毛晋平．卓越教师继续教育中的异化现象及其现代性的反思 [J]. 大学教育科学，2006，（2）.

3. 卓越教师培养的政策保障措施有待完善

第一，卓越教师教育共同体中政府、大学、职业院校以及社会团体应承担的责任和义务缺乏严格的政策规定，职业院校和社会团体参与卓越教师教育的积极性参差不齐；第二，与卓越教师的培养计划配套的卓越教师资格认证制度在一定程度上仍然存在重理论、轻实践的情况，有的省市对申请卓越教师资格者的教育专业实习没有刚性规定，给师范院校卓越教师教育工作带来困难，也与卓越教师培养计划的指导思想不一致；第三，卓越教师计划没有经费投入，相应的激励和奖励政策不到位。

（二）推进卓越教师培育制度建设的基本前提

1. 努力实践人类社会发展的普适性理念

普适性理念是人类社会发展所共同遵守、共享的价值理念，包括自由、平等、公正、民主等，是所有社会成员的原价值标准。卓越教师的根本任务是培养人，就是要培养能够理解并自觉维护人类社会普适性价值的现代公民。卓越教师专业化制度的建设过程，应当成为人类普适性价值的重要实践过程，通过卓越教师的工作把人类社会的普适性价值传递给下一代并成为他们行为的重要价值基础。

2. 不断创新教育理念

教育理念指在对教育工作本质理解基础上形成的关于教育的观念和理性信念，是随着社会发展而不断调整、创新的。培育卓越教师制度建设，是在特定教育理念指导下进行的。主要是在认识职业教育的未来性、生命性和社会性的基础上，形成新的教育观、学生观和活动观。[1]创新教育理念，重点要创新教育观、学生观及活动观。适应未来社会发展需要，教育应当坚持科学发展观，坚持以人为本，坚持教育与生活的结合，坚持科学精神与人文精神的结合。

3. 不断深化对培育卓越教师内涵的理解

当前，深化培育卓越教师内涵的理解应当把握以下几点：第一，卓越教师专业化以卓越教师个体的专业发展为核心，重点在于提升卓越教师个体的教学品质，优化卓越教师的专业行为，增强卓越教师的专业责任感，形成卓越教师的专业自我。这一过程主要是卓越教师由内而外的主动发展过程。第二，培育卓越教师在卓越教师个体表现为一个持续社会化的包含多个阶段的发展过程。第三，培育卓越教师是一个国家、地方、学校及卓越教师等多主体共同努力推进的过程。第四，培育卓越教师是教师与教育环境不断互动的过程。[2]

（三）完善卓越教师培育制度建设的重要策略

建立职业院校卓越教师岗前培训制度是实施全面依法治教的重要内容之一。培训涉及的人员既有培训学员（参加培训的卓越教师），也有培训卓越教师的教师，还有培训管理人员，在具体实施培训的过程中，需有针对性地、指导性地制定制度，既需要有宏观指导也需要有具体实施细则。

---

[1] 叶澜. 新世纪卓越教师专业素养初探 [J]. 教育研究与实验，1998（1）.

[2] 教育部师范司. 卓越教师专业化的理论与实践 [M]. 北京：人民教育出版社，2001.9-12，180.

1. 设立明确的组织机构

职业院校培训的对象是卓越教师，具有发展性、特殊性，代表着学校的发展未来，他们来自不同的学院，由一个共同的目的组成新卓越教师培训班；培训模式有教育基础理论学习、专题讲座和专题辅导、示范报告、教学实践培训、教育信息技术指导等，培训方式多元化；培训时间需要 1~5 个月，为了不影响正常教学工作，经常安排在开学前和开学后的周末，培训周期长；培训效果直接影响卓越教师能否快速角色转化、适应岗位、热爱教育事业。师资队伍建设作为高等学校管理工作的核心内容之一，新卓越教师是学校师资队伍新成员，岗前培训也是师资队伍建设的重要环节之一。为了能在校级层面有效开展岗前培训活动，需要设立明确的组织机构，进行顶层设计、统筹协调。目前很多职业院校都设立了专门的组织机构：卓越教师（教学）发展中心，可独立建制，亦可挂靠在人事处或教务处。组织培训离不开其他职能部门的协助，为构建科学有效的卓越教师发展支持体系，加强学校对卓越教师发展工作的组织领导，可进一步设立工作领导小组（可下设卓越教师发展中心、教学发展中心、科研发展中心、素质发展中心、教学资源中心等，分中心等）或教学指导委员会等，通过各部门协同分工，具体指导、调研、评估工作。

2. 加大制度创新力度，构建卓越教师专业化制度体系

第一，加大卓越教师专业化的理论创新。理论创新是制度创新的前提。理论创新必须面向教育实践，总结、提升我国教育实践创新经验，并以创新的理论切实指导我国卓越教师专业化实践。“世纪之交中国职业教育改革研究”的课题提出了“自我更新取向”的卓越教师专业发展理论，认为推进卓越教师专业化发展应当保证卓越教师自我反思经常化、系统化，利用多种检测手段了解自己专业发展特点，应当经常与自我保持专业对话，并经常与其他卓越教师合作与交流等，因而，卓越教师专业化制度建设应当有利于推进卓越教师以上活动的开展。[1]第二，推进引进制度的应用创新。为完善和优化我国卓越教师专业化制度结构，我国应当学习、借鉴发达国家卓越教师专业团体自主管理制度、教育硕士专业学位制度、卓越教师教育机构认证制度及卓越教师教育课程认可制度等。今后相当一段时间内，我国卓越教师专业化制度建设仍然要模仿、学习、借鉴发达国家的相关制度。但这些制度的引进、学习与借鉴，必须与我国国情结合起来。为此，要研究各项制度发挥作用的具体条件，对制度价值与规范进行创造性改造，创造性地应用于我国卓越教师专业化实践中。第三，加大原创性制度建设，我国卓越教师专业化发展过程中，也有许多原创性的经验与做法，如我国长期以来坚持的教研组制度等，与西方卓越教师强调自我反思、团体学习、相互合作等理论主张有共通之处。应当加大力度对实践创新的概括、提升，促进其制度化发展。唯有创新的制度才能真正开创卓越教师专业化发展的新局面。

3. 在卓越教师评价制度方面，应倡导底线式管理

目前，关于卓越教师的评价制度主要侧重于高标、上线的管理，比如卓越教师职称晋级针对的都是卓越教师队伍中的优秀者，各种评奖、评优也往往只能由少数优秀卓越教师

[1] 叶澜．卓越教师角色与卓越教师发展新探 [M]. 北京：教育科学出版社，2001.

获得。对于大多数普通卓越教师，与晋级或评奖基本无缘。长期下去难免产生职业倦怠感，影响卓越教师队伍素质的提升。同时，这种高标评价对于优秀卓越教师也不完全公平，很多时候受到名额的限制，评出来的奖项与现实中真正优秀的卓越教师并不对应。所以，这也就在一定程度上打击了那些事实上很优秀但没有评上奖的卓越教师。对此，我们倡导一种面向大多数卓越教师的底线式管理，充分信任卓越教师发展的自主性和创造性，将卓越教师发展的高标和上线完全交给卓越教师自己去设定和达到。这种底线式管理对于提高卓越教师队伍的整体素质有很大帮助。

对于卓越教师来说，首先要对教师这个职业有正确的理解，然后要明确卓越教师职业的底线，要知道卓越教师的底线是什么。青年卓越教师的自由发展一定要有底线。对青年卓越教师的要求，不是要求他们做一个卓越教师教授，而是做一个遵守学校基本规章制度的卓越教师。然后要能够受家长、学生、同行欢迎认可，就可以了。发展的上限是不用去管的。人是有差异的，对绝大部分卓越教师来讲，不用管他们发展的上限，因人而异，个人根据自己的这个特点去发展就好了，不给限制就行了。要限制的是底线，就是行为的底线，就是卓越教师职业的行为底线。还有一个底线，就是作息时间。管教育底线这件事情就是代表了中国人的思维方式。胡适先生说："一个肮脏的国家，如果人人讲规则，而不是讲道德，最终会变成一个有人味的正常国家，道德自然会逐渐回归。一个干净的国家，如果人人都不讲规则，却大谈道德、谈高尚，天天没事就谈道德规范，人人大公无私，最终这个国家会堕落成为一个伪君子遍布的肮脏国家。"我们在教育管理中，把很多的精力放在了评优，评优这件事情有价值，有推动作用，也推动了很多卓越教师的发展，这是不能否认的。

4. 构建卓越教师培养的保障体系

（1）安排"卓越卓越教师培养计划"专项经费，为卓越卓越教师培养提供切实有效的保障。

（2）实施荣誉奖励计划。整合"全国模范卓越教师"和"全国优秀卓越教师"等荣誉称号，设立"国家卓越卓越教师"荣誉称号，不但激励卓越教师，更重要的是发挥卓越卓越教师的示范引领作用，营造全社会尊师重教的氛围，促进社会对卓越教师职业的更关注和再认识。建议采取"客户"评价的方式，即学生、家长和同行联合推荐候选人。

（3）加强职业院校师德建设。这是国家中长期教育规划纲要提出的重要目标任务，是新形势下实现科教兴国战略必须要解决好的重大课题，是职业院校卓越教师队伍建设的核心内容和职业院校思想政治工作的重要组成部分。加强师德建设，路径选择很多。通过制度建设，建立完善的行之有效的制度运行机制，则是重要的路径选择。因为职业院校要管理好卓越教师队伍这个整体，制度更带有根本性、全局性、稳定性和长期性。

第一，建立完善工作领导机制提高卓越教师思想政治素质和职业道德水平关键在领导。领导重视是职业院校师德建设的组织保障，领导重视的程度，决定着师德建设的效能。内因是根据，外因是条件，缺少领导重视这个条件，师德建设的内因动力就会不足。因此，院校领导班子要把师德建设作为关系教育发展全局的战略任务，纳入总体规划，列入重要日程，做到主要领导亲自抓，分管领导靠上抓，党政工团合力抓，层层有人管，一级抓一级。一是要形成教学、科研、师德建设一体化领导格局，改变重教学科研、轻师德建设的倾向，把师德建设作为提高教学科研质量的基础环节，把师德建设贯穿于教学科研的全过程；二是要把师德师风建设和校风学风建设紧密结合起来，以良好的师德师风带动校风学风，以优良的校风学风来规范师德师风，把师德师风建设纳入校风学风建设的总体规划，纳入职业院校校园文化建设的总体布局；三是要把加强职业院校师德建设与加强职业院校党的建设和思想政治工作紧密结合，把加强师德建设作为卓越教师队伍建设的核心，党的建设和思想政治工作的重点，形成以党的领导为核心，党组织总揽全局，协调各方，党政工团齐抓共管的良好格局。完善的工作领导机制是推进职业院校师德建设的政治保障。

第二，建立完善学习培训制度要建立卓越教师岗位培训制度、集中教育制度、政治学习制度、业务进修制度、继续教育制度、师德建设研讨制度等，对卓越教师的学习培训作出统筹安排。通过学习培训，提高卓越教师传道、授业、解惑的能力，提高卓越教师政治理论素质和教学科研能力，提高卓越教师弘德、强能的自觉性。要把师德建设作为卓越教师学习培训的必修课，增强卓越教师的责任感和使命感，使遵守师德规范内化为卓越教师的自觉行动。要通过学习培训机制，组织卓越教师深入学习和掌握马克思列宁主义、毛泽东思想，深入学习和掌握中国特色社会主义理论体系，引导职业院校卓越教师树立正确的世界观、价值观、人生观，增强教书育人的自觉性和教书育人以德为先的社会使命感，真正做到学以立德、学以增智。

5. 进一步完善卓越教师培训制度，提高培训实效

目前我们的卓越教师培训制度和方式还存在许多问题，培训理念也有偏差，没有充分尊重卓越教师的专业自主权，培训的内容往往与卓越教师的实际工作脱离，培训的方式主要是讲座，缺少实践的体验，参加培训的卓越教师也没有分层次，整体上培训效果并不好。这方面的问题，下文在“卓越教师培训”部分详细阐述，这里不做过多讨论。卓越卓越教师的成长需要一种适宜的文化和制度环境。正如有学者所说：“我们经常感慨五四新文化背景下，北京大学、清华大学当年风云际会的气象。然而，应该看到人才辈出、大师云集，主要是一种制度文明的产物，不是急功近利的政策能够速成地催化出来的。学术自由、兼容并蓄、教授治校这样的大学精神和大学制度，正是大师生长最为重要的文化环境和制度环境。”[1]可见，良好的文化和制度环境对于人才的出现是何等的重要。教育工作应当以教育的宗旨和追求为价值取向，应当以学生的成长状态和水平为行动指针，应当以卓越教师的专业发展为立校之本，而不应当让教育之外的某些理念乱了教育的方寸。一旦教育者不再“重视教育”、不再信仰教育，那么教育事业难免误入歧途，卓越教师的发展也必然会受到误导，贻害无穷。培育卓越卓越教师需要基于卓越教师发展的制度体系来规范和约束必要的教育行为，为卓越教师的专业发展注入活力、激发动力，让能力强、发展快的卓

[1] 杨东平：艰难的日出——中国现代教育的20世纪[M].上海：文汇出版社，2003：353.

越教师获得必要的制度上的支持和鼓励，比如破格晋升、优先考虑等；同时也为不同发展水平的卓越教师提供不同的培训和进修机会，让每位卓越教师都能够在制度框架内找到适合自己的专业发展途径；让一切有关卓越教师发展的行为、活动、过程都尽可能遵循科学的、实践的、有效的规律和章程，平等竞争、团结合作、共同发展，形成一种积极上进的制度文化环境，催生出更多的卓越教师。

本章小结

本章通过深入分析认为教师积极自我发展可以不断提高自身素质、提高教育教学工作效率，从根本上讲，教师自主是学生获得良好培养的有力保障；文化构建的根本目的在于引领教师的教育信念和价值追求，鼓励教师自主创新和实践，让教师在工作中体会为师者的学生立场和职业成就感；教师培训是提高教师队伍素质，促进教师专业化发展的重要途径；教师发展项目是促进教师发展的一个重要途径，是职业院校卓越教师培育的实践支撑；团队合作可以形成培育卓越教师发展的良好土壤，激励卓越教师快速发展；制度是具有权威性的规则、标准和行动方案的集合，对于规范活动、凝聚组织成员达到特定的目标发挥着重要的保障作用。

第六章　职业院校卓越教师精准培育生态管理策略

一、明确培养目标，增强卓越意识

在培养卓越教师时，我们首先要有明确的目标。如职业院校对卓越教师的管理是强调科层为中心的管理，还是强调专业为中心的管理，是推行行政管理为重点还是专业领导为重点，教师是被动管理为主还是主动管理为主等问题，这些在促进卓越教师专业发展方面，都有着重要的探索意义，所以我们首先需要理清管理的思路，改变观念。明确卓越教师培养目标、增强卓越意识是促进卓越教师专业发展的关键前提。从哪些方面可以体现出卓越意识呢？教师卓越意识包括：人格风范、民主法治观念、创新意识、研究能力、丰富的知识底蕴和完备的知识结构。

（一）明确卓越目标

教师是学校教育工作人员，承担着教育教学即学校教育过程中的重要作用，教学中教师参与学校管理是学校发展与教师发展的共同需求。职业院校在激烈的竞争中要创立自己的品牌，就必须靠全体教师的共同努力，学校对教师实施民主化管理，教师充分参与到学校的各项管理实务中，指在某种程度上让教师享有学校决策的知情权、参与权和决策权，才能提高教师的主人翁意识，才能充分发挥广大教师参与学校民主管理和民主监督的作用，增强教师的主动性、归属感和奉献精神，推动学校的发展；与此同时，教师积极参与学校管理，调动教师主动专业发展的意识，为专业发展提供了机会。

在管理观念上，树立扁平化管理思想。减少基层教师和高层管理者之间的中间层，让基层教师更多地投入学校的决策过程中。凡是关乎总体发展和教师切身利益的事情，都要事先广泛征求普通教职工的意见，都要通过职工代表大会集体决策，减少管理过程中出现的杂音，统一思想，提高决策的速度和效果。通过校务公开等形式实现教师民主，并拓展教师参与民主的平台：比如用校园网留言、校长信箱、教务信箱、教师博客等进行交流。在学校组织中，学校管理是为教育教学目标的达成而开展的服务性保障活动，因此，管理者不应该只是领导者，而应该也是服务者。[1]

在职业学校教师管理过程中，管理者应该把自身定位于服务的角色，以服务教师作为教师管理的落脚点，深入了解教师的品行、爱好、特长、情感、需求等，安排合适的岗位，

[1] 徐碧美著，陈静、李忠如译．追求卓越——教师专业发展案例研究 [M]. 北京：人民教育出版社，2003.

人尽其才，发挥教师自身的能力，为教师专业发展提供支持和服务。比如：树立服务教师的意识，延伸到校园文化建设的实践中，服务意识作为校园文化建设的组成部分深入人心；学校领导要为教师的发展方向、发展目标、实现途径等进行认真规划并创造条件，在时间、经费、信息、设备、机会等方面为教师发展提供保障型服务。

教师管理和教师专业发展说到底是“人”的管理和“人”的发展，关注教师经济人、社会人、文化人的特点，教师不是物品，而是一个在社会生活中有血有肉的人。坚持“以人为本”，在卓越教师的管理中要坚持尊重、理解、服务、关怀等人本理念，为卓越教师专业发展培育和谐友爱的整体环境。这其中，一是要注重对教师的人文关怀；比如，年长的，我们关注其健康，为教师组织体检活动，关注教师身心健康；年青的，我们关注其感情，组织一些元旦联欢、教工篮球赛、歌唱大赛等，为教师们创造一个放松的环境、宽松的心情。二是关注教师的发展，注重为教师的发展创造契机。比如，对教师根据自身专业发展需要积极参与社会实践进行，主动参与学历提升方面的学习，主动参加教学研究等，学校要大力扶植，提供支援和帮助，杜绝不闻不问。三是要宽容对待教师，教师是普通人，不是神，而且人无完人，教师在工作中和生活中要面对各种困扰和干扰因素，针对教师在工作中出现的失误，不要一味埋怨、打击。教师管理并不是要求教师不犯错误，而是要考虑如何为教师提供良好舒适的教学环境、先进的教学设备等，使教师能够安心工作，成为其积极工作的动力，努力朝卓越教师的方向发展，这也是教师管理的一个目标。[1]

（二）增强卓越意识

首先，对于意识强调的是“敏感性”，“敏感性”与“敏感”词形不同，但意义却非常接近，很多情况下可以不加区别地通用。“敏感”是表示个体生理和心理反应能力的概念。生理上的敏感指生物体或其一部分对外界事物反应敏锐的性能，而心理上的敏感则是指个体的一种心理状态和功能。从敏感的发生机制及构成要素分析，它是指介于感觉与思考之间的一种心理功能，涉及敏感发生时的外在表征和内在本质两方面。从敏感形成过程看，刺激变量是敏感发生的前提与基础，没有刺激或刺激强度不够，就不足以引起敏感发生；一旦受到一定强度的刺激，其主体的心理感受器势必产生一种定向反射，就必然会引起机体变化，从而产生一系列的内外表现或行为，这个心理活动过程即敏感。正如黑格尔所言，“敏感”一方面涉及存在的直接的外在表征，另一方面也涉及存在的内在本质。那么教师的教学敏感就是教师高度的责任心、严阵以待的教育心理准备、丰富的教育经验和敏锐的教育观察能力等因素的综合体现。确切地说教师的教学敏感体现为教师对教育现象、教育问题、教育事件等蕴含的教育价值所具有的敏锐的感知和辨别的能力。

其次，学习方式的转变是职业院校课堂教学改革的重心，职业教育课堂教学应提倡富有时代气息的学习观念，例如：转化学习的观念。“转化学习是指学习者在新的环境中，应通过质疑、批判性反思、检验等多种方式形成新的意义观点和意义体系，以适应新的环

[1] 陈锐．教师专业发展视角下中等职业学校教师管理策略[D]：华东师范大学，2013.

境的学习过程。”[1]转化学习的能力是一个人可持续发展的原动力，它使职业技能的发展具有可迁移性。有学者提出现代职业教育的五种学习观：一是工作相关学习观；二是非集中式学习观；三是经验导向学习观；四是行动导向学习观；五是问题导向学习观。[2]“工作相关的学习”是基于学习内容的学习观，是指在职业教育的学习过程中，选取与工作过程和工作对象相关的学习内容开展学习。它既适用于企业，也适用于学校。“非集中学习”是基于学习组织的学习观，是指学习地点在空间、时间和组织上的非集中性，也称为分散式学习，主要适用于企业。“经验学习”是基于学习哲学的学习观，是指通过经验的形成和积累来学习。它既适用于企业，也适用于学校。“行动导向学习”是基于学习方式的学习观，是指通过实际的行动或整合的行动来学习的方式。它既适用于企业，也适用于学校。“问题导向学习”是基于学习情境的学习观，是指将问题辨认的结构以及问题解决的结构作为基本要素的学习方式。它既适用于企业，也适用于学校。以上五种学习观的提出是源自职业教育这个宏观领域，而非职业教育课堂教学这个微观的领域，然而，随着职业教育教学理论与实践的不断深化和发展，课堂这个承载着培养学生职业能力的主阵地必将渗透现代职业教育的学习观念，在课堂活动中，这些学习观念将发挥指导作用并在教学实践中得到完善。

最后，职业现场情境或模拟情境是一种职业学习的必要条件。职业教育的教学过程是以专业的所对应的典型的职业活动的工作过程为导向的，而职业教育的教学内容的排序是按工作过程展开的，这使得课程具有典型的“串行结构”特征，所以职业教育更适合采取集形象、行动、情境等特点于一身的过程性的“串行结构”而非层级性的“平行结构”的教学体系。[3]在行动导向的教学中，学生是学习的行动主体，以职业情境中的行动能力为目标，主动建构专业能力、方法能力以及社会能力。卓越教师在课堂教学中，扮演着组织者、协调人的角色，给学生提供咨询和帮助。最后，由于职业教育的课堂教学具有情境性、过程性的特征，职业教育教学的核心目标是提升学生的职业能力，而任何能力的获取只有通过训练，因此实践性是职业学习的特点之一。思维能力需要通过不断地思维才能获得，职业能力只有通过反复地完成职业活动才能获得。这是因为“任何情境化的职业活动都是一个系统，它是由许多要素组成的，包括知识、技能等人的要素、材料、工具等物的要素，以及职业活动的目的、任务等岗位要素，且这些要素不是按照静态方式结合的。”[4]

职业活动是一个将以上要素动态结合的过程，实施职业活动的主体只有充分发挥个人的主观能动性，将这些要素有机结合，并对职业对象施加影响时才能产生职业活动；同时，卓越教师通过参与职业活动，才能获得真正的职业能力。[5]

---

[1] 刘奉越，杨智榕．基于专业发展的职业教育教师转化学习 [J]. 职教论坛，2012（34）：51.

[2] 姜大源．职业教育学研究新论 [M]. 北京：教育科学出版社，2007.156.

[3] 姜大源．职业教育学研究新论 [M]. 北京：教育科学出版社，2007：203.

[4] 徐国庆．职业教育课程论 [M]. 上海：华东师范大学出版社，2008：134.

[5] 景韵．高等职业教育教师课堂教学敏感研究 [D]. 西南大学，2014.

（三）卓越意识养成

总体来说，作为一名卓越教师，除了有过硬的教学能力还需要有明确的目标和强烈的意识，一名卓越的教师不应该只是在教书育人上有着自己独特的教学方式还应该要有特殊的教学过程，在生活中和课堂中都需要有自己的见解。

如果一个老师自身素质低下，不能接纳每一个不同性格的学生，不能公平对待每一个学生，不能从学生的角度去考虑问题，不够尊重和理解学生，就会使学生离老师越来越远。另外，倘若教师在从一个活动向下一个活动过渡的时候，缺乏使两个活动相互连接的能力，则可能会使学生兴趣不高，从而产生课堂问题行为。当教师一直过多地谈论着一个问题时，学生就会很容易产生疲劳感，从而产生问题行为。如果老师的课堂准备不够具体充分，达不到学生心里的要求，会使同学更加不信任老师，同样导致学生课堂问题行为出现。所以培养一名卓越教师，还需要培养教师的人格风范及自身素养。

有时候，幽默是处理所有事情最好的方式，它不仅可以解决问题，而且还会使学生容易接受。所以，提高教师自身素质，是有效解决课堂问题行为的基础。对课堂上发生问题行为的学生，教师不应忽视。而应采用适当的方式对这样的学生进行处理，有效制止课堂问题行为，形成良好的课堂秩序，营造一个良好的课堂环境。但是，教师在对待课堂问题行为的学生时，要时刻本着对事不对人的态度。并让学生们了解到，老师针对的是他们的行为，而不是针对他们当中的某一个人。卓越教师应该把真爱与批评相结合，在严格课堂纪律的同时，形成一个教师和学生内心真正融洽的良好的课堂环境。[1]

卓越教师有别于流水线上的技工，也不是照图施工的工匠。从师任教是卓越教师职业意识的第一课，也是人生规划的重要一课。黄东良认为，卓越教师职业意识是教师对自身的地位、价值、素养和活动方式的认识、评价及态度，是卓越教师自觉能动性的观念表现。[2]这种意识更多地体现在卓越教师对从事职业对象的认知、体认与把握，并由此衍生出的一种角色意识和服务意识，这与卓越教师的对象意识和自我意识交织在一起，使得卓越教师的意识凸显“接纳”和“超越”共存的本质属性。[3]刘莎坦言，一名普通教师要成为卓越教师，首先应该具有的基本意识和观念是对教师职业的热爱、对工作的严谨、对教育本质的深刻感悟等方面。[4]有学者指出“卓越教师”应具备三种素质：专业精神朴实高尚、专业知识融会贯通、专业能力卓著出色。[5]换言之，卓越教师是那种不断追求优秀，从内心深处去追求更好教育的教师，是内心怀有崇高教育理想，并不断付诸行动的教师。他们尝试着不断突破，在创造中成长，在追求中走向卓越。[6]

可见，卓越教师成长需要历经长期的积淀与模塑，需要经历持续性的学习与磨炼，需要

❶ 高畅晨，穆嘉欣等．大学生课堂问题行为及教师管理策略 [J]. 世纪桥，2015（9）：79-80.

❷ 黄东良．浅析提高师范生整体素质的必要性及对策 [J]. 广西教育学院学报，2004（6）：37-39.

❸ 岳刚德．教师职业意识和专业意识之比较 [J]. 全球教育展望，2009（12）：61-65.

❹ 刘莎．论加强师范生教师职业意识的途径 [J]. 凯里学院学报，2013（2）：144-146.

❺ 柳海民，谢桂新．质量工程框架下的卓越教师培养与课程设计 [J]. 课程·教材·教法，2011（11）：96-101.

❻ 刘湘溶．高师院校卓越教师培养模式创新的探索与实践 [J]. 湛江师范学院学报，2012（1）：8-11.

不断克服和超脱职业的困境与压力。对于卓越教师的培养，丰向日认为，首先要对教师职业有意愿、有追求；要从内心认同和欣赏教师职业，能够面对职业困境与压力；要具有应变机智、自我更新和持续发展的能力；要理论与实践融合，实现专业发展的"知行合一"。[1]他的观点与教育部关于卓越教师培养计划的指导性意见具有一致性。

要培养卓越教师，首先他们就应当具有坚定的职业信念、终身从教的意愿；高尚的职业道德、教书育人的情怀；精深的专业知识、精湛的教学技能；突出的专业素养、教学管理的智慧；较强的创新精神、持续发展的潜质。这样他们才能够在工作岗位上成长为卓越教师，才能够在职业教育领域担当领军人物和拔尖人才。卓越教师培养是一个系统工程。刁永锋等认为，卓越教师培养蕴含职前培养与职后培训两个环节和初级、有效能、高效能和形成四个阶段。其中，初级和有效能阶段在职前培养环节完成。在初级阶段，教师应具备一定的学科专业知识、相关教育学、心理学知识。在有效能阶段，应具有良好的教育专业精神、可靠的教育专业知识和出色的教育专业能力。[2]有学者认为，卓越教师培养的核心诉求是提升质量，目标指向是打造精品，价值取向是追求卓越，时代使命是促进转型。[3]刘湘溶指出，卓越教师应当具有四个方面的特征：包容进取的教师德性；为教师文化所浸染的胸怀教育、坚持理想、从容淡定的教师气质；广博的知识素养和深厚的文化涵养；过硬的教育实践能力。正如美国学者肯·贝恩所言，卓越教师之"卓越"在于能够以各种方法去帮助学生进行学习，这些方法对学生的思想、行为和感情产生持久、真实和积极的影响。[4]

综上所述，职业意识在卓越教师培养和卓越教师成长过程中起着潜移默化的作用。

二、创新培养方式，注重协同培养

适逢我国建设创新型国家，职业教育在进行改革，我国将卓越教师教育研究放在教育研究的首要位置。而卓越教师教育是职业院校的办学特色之一，教师教育模式创新才是教师教育改革的核心，是我国职业院校改革的重心所在。目前，我国的教师教育处于改革与发展的关键时期之际，对我国职业院校的教师教育模式进行创新型研究，这将符合我国建立创新型国家的战略需要，有利于提升职业院校办学水平和师资水平。因此，我们需要培养卓越教师。而培养一名卓越教师，就需要对教师的培养方式进行创新，同时也要注重协同发展。

（一）创新培养方式

"国家最核心的竞争是教育的竞争，而教育的竞争，根本上是教师的竞争，而教师的培养极大地依赖于教师教育。"[5]然而培养符合时代发展的卓越教师需要什么样的教师培养模式，这一问题引发了卓越教师教育的研究者和实践者对卓越教师培养模式的关注。而

[1] 丰向日．卓越教师培养需处理好五个关系 [N]. 光明日报，2015-09-08（15）.

[2] 刁永锋等．地方师范大学实施卓越教师培养计划的探索与实践 [J]. 教师教育论坛，2014（4）.

[3] 范小虎，许鹤．地方高师院校卓越教师培养实践探索 [J]. 新余学院学报，2014（4）：130-132.

[4] 肯·贝恩．明廷雄，彭汉良译．如何成为卓越的大学教师 [M]. 北京：北京大学出版社，2007.

[5] 袁贵仁．推动教师教育创新构建教育新体系 [J]. 中国高等教育 .2004（12）：3-4.

卓越教师的培养模式是教师教育模式的重要内容和组成部分，是卓越教师教育模式下的一个概念，不仅关系着卓越教师质量的提高，而且更是卓越教师教育模式创新的核心问题。

其次，“模式研究”对卓越教师教育研究具有一定意义。卓越教师教育是一个包括政策研究、体制研究、理念研究、课程研究以及模式研究等，内涵丰富的研究领域，其中，模式研究对卓越教师教育研究具有独特的价值。[❶]借助外在的“模式”来透析人们头脑中的思维“图式”，将内在“图式”转化为外显“模式”。卓越教师教育模式研究就是借助外在模式反应其内在实质，体现出卓越教师教育的外在特征。所以模式研究具有一定的价值意义。

再次，“模式的创新”是当前我国卓越教师教育改革的一个重要课题。随着我国社会的转型、职业教育的变革，传统的教师教育模式培养出来的师资已经不能满足社会发展的需求，单一的、终结的教师职前培养模式培养出来的教师不能与时俱进、跟不上时代发展的步伐，由此必然要求重构我国的教师培养模式。然而教师培养模式的改革与创新直接影响着教师教育模式的创新，而教师教育模式的创新正是通过卓越教师的培养模式来体现。卓越教师培养模式的重构势必要求对已有的教师教育模式进一步完善和创新。[❷]

卓越教师的培养是教师教育人才培养模式的当代形态与升格样式，作为当代创新性与拔尖性教师教育人才的一种身份指谓，卓越教师既应该在专业知识与能力素质方面与传统师者形象保持一种连续性的谱系联系，也要依托当代教师教育语境的时代规定性更新自己的意义域，确立关于自我身份的新的认同指标与基本提问方式，以新的专业知识结构和培养方式来表征自我新的身份形象和价值规定性。

卓越教师要获得人们的认同并付诸现实的培养实践，首要的问题就是在专业设置与知识结构方面刷新人们对于其传统概念的形象感知与理论认知，在此基础上，才可能建构起与此意义系统相匹配的具有鲜明“卓越教师教育特色”的培养方案、教学大纲、考试大纲、课程计划、教材体系等微观的专业培养环节。在高校教育体制中，教师教育是一个相对特殊、独立的教育领域，它不但遵循一般高等教育活动的基本特点与规律，而且还必须建构起自身相对独立的提问框架和价值规律，凸显其作为其他教育类型的基础性地位，在某种意义上可以将教师教育称为“元教育”，即关于教育的教育与一种关于教育者本身的教育活动，这样的身份定位就使得教师教育必须具有自己独特的社会内涵与价值规定。

卓越教师的培养在教师教育活动中又是一个创新性与高端性的意义单元，作为一种高限度的教师教育者称谓，它首先就要求在宏观的专业设置层面体现出鲜明的卓越性与丰富性。具体而言，一些职业院校在遵循教育部基本专业目录的基础上，根据自己的办学情况制订了各具特色的专业培养方案及其具体实施方案，究其共性主要体现在这样两个方面。第一，高限度的德育标准厘定，卓越教师首先是学生人生意义的立法者与启蒙者，为达成这样的德育目标，相关的德育课程专业不但要设置普及化与大众化的知识内容与操行指标，

---

❶ 张晓莉．美国五年一贯制教师教育模式研究 [D]. 东北师范大学，2010.

❷ 刘德敏．我国高师院校教师教育模式创新研究 [D]：四川师范大学，2012.

从低限度伦理道德的意义上确立师者及其教书育人的道德底线与基本意义边界，更加重要的是要确立高限度的道德目标，用高端的德育知识重构当代师者的道德形象，以期实现教师教育总体德育水准的提升与完善，造就受教育者的高尚道德情操与崇高人生理想；第二建立个性化的专业知识构架，依据卓越教师的知识要求，强化专业基础知识的学习与掌握，在此基础上，建构专业基础知识的开放性体系，建立专业知识系统与其他专业知识系统的对话交流机制，实现不同专业知识的互相补充与互相支持。

人才素质的多样态构成以及价值功能的多元化与个性化性质。基于卓越教师的内涵与外延已经在很大程度上不同于传统的师者形象，当代教师教育人才的培养模式和途径也相应地发生了意义性质的变化，如果说传统教师教育注重共性化与通用型人才的培养，那么当下的教师教育则更加侧重个性化与多元化人才形态的建构。有论者指出，“不同类型的高等学校应当主动应对科技、经济、政治和文化发展对人才培养规格和结构提出的要求，尊重和充分发挥不同类型学生的兴趣、特长和爱好，在教学内容、方法和师资结构等方面，努力办出各自的特色和水平，以适应社会发展对多种类型高级人才的要求。”[1]这也就是说，当代社会生活对于教师教育人才培养的目标诉求不再是一般意义上的知识传授者形象，而是具备多种文化专业素质并以个性化方式来呈现的复合性人才形象。很显然，传统的教师已经在很大程度上丧失了其作为当代人才培养体系的合法性，唯有创新教师教育范式的基本提问方式及其具体培养机制才能形构教师教育人才的当代形态及其卓越品质。卓越教师的成长具有鲜明的阶段性特征，成就卓越的过程必须遵循由宽到专、由低到高的渐进原则与升级模式。

对于卓越教师的创新培养而言，相关的理论探讨已经远远不能满足当下社会语境以及教师教育领域改革的现实需要，在卓越人才工程的总体构架中，卓越工程师、卓越医学人才与卓越法学人才等项目都相继步入了较大规模的实质性操作阶段，相形而言，卓越教师的创新培养在目前仍然显示出理论建构多于实践操作的缺陷，尽管在专业设置和宏观的培养模式方面获得了较多的经验，但仍然不足以改变整个问题的经院化性质，对此，马克思曾经说，“人的思维是否具有客观的真理性，这不是一个理论的问题，而是一个实践的问题。人应该在实践中证明自己的真理性，即自己思维的现实性和力量，自己思维的此岸性。[2]换言之，如若不能以卓越品质为核心旨归的现实操作机制，那么卓越教师的创新培养在最好的意义上也只会流于一种乌托邦的幻象，而在最坏的意义上则可能重蹈覆辙，陷于自我消解的困局。[3]

（二）注重协同培养

随着时代的变化，在培养卓越教师时，我们还应及时制订和调整专业培养计划，既考虑专业培养计划的学术性，又兼顾这种培养计划的生活化转型与实践特点。设立一些具有深度意识的模块课程体系，建构一种研究性学习与应用性学习的培养范式，以满足卓越教

[1] 张秀萍．拔尖创新人才的培养与大学教育创新 [J]．大连理工大学学报：社会科学版，2005（1）：13.

[2] 马克思，恩格斯．马克思恩格斯选集（第 1 卷）[M]．北京：人民出版社，1995：79.

[3] 李胜清．“卓越教师”创新培养的现实路径与实践机制 [J]. 蚌埠学院学报，2014.3（4）：127-129.

师深度学习与拓展学习的需要，具体来说，可以设置一些与网络信息社会语境相适应的课程板块，这些课程的设置既强化了知识的理论自律性与周延性，又体现了理论知识的时代特点与现实效应，建构专业知识与日常生活的视域融合状态。在学分设置上，确立基本学分与延伸学分相结合的模式，基本学分数用以考量人才培养的基本素质要求，延伸学分则用来彰显人才培养的个性化与创新化诉求，通过创新学分与技能学分认证的方式，建立卓越教师培养模式的层级结构，为教师教育领域的卓越人才成长提供专业知识构架与培养计划的支撑。专业设置以及具有卓越特色人才培养方案的建构实质上是卓越教师培养的立论基点，卓越教师的创新培养是否具有现实性，在很大程度上就取决于其所赖以立足的专业结构设置与培养方案是否具有卓越性的内涵。作为一种观念操作形态，专业结构设置与人才培养方案的理论实质是从思想观念层面勾勒卓越教师的理想形象，确立卓越教师创新培养的致思向度与知识身份，为它的现实化与对象化提供明晰的意义边界。

人才培养方案是实现人才培养目标和基本培养规格的具体化、实践化形式，是组织教学和进行教学管理的主要依据，是对教育教学质量进行监控和评价的基础性文件，对人才培养质量的提高具有重要的导向作用。因此，学校应该明确卓越教师培养的双师素质，即不仅要注重培养教师的知识传授能力，又要重视其工程实践能力。因此，在制定卓越教师培养方案时，突出学术性与技术性的相互融通；在学习知识，应用知识的过程中注重素质的培养，使其具备扎实的专业基础、充实的文化底蕴、较强的创新知识与实践能力，并注重“一体化”教学能力的培养，使教师更能顺应时代的发展潮流。

改革教学方式，采用新颖、适合教学内容的教学方法，是提高教学效果，提升培养质量的重要途径。由于教师数量的不足，仍采用大班授课，教师为完成教学任务，则主要使用讲授法，导致学生学习的兴趣较低，进而教学效果不佳。因此，要根据不同课程类型及教学内容改革教育教学方式。进而让学生知道“如何学”；也可以通过使用模拟教学法，模拟课堂教学的环境，进而让学生学会“更好地学”。对于专业类课程，教师则可以使用项目教学法，通过让学生参与设计项目、制定方案、实施方案、评价结果等，不仅能培养学生的创新意识，在项目的完成过程中，也提高了自身的实践操作能力。改革教学方式，对教师的要求很高，因此，学校可以推进教师以“自主、合作、探究”为主要特征的研究型教学改革，提升教师教育教学方法研究与改革，探索符合卓越教师培养规律的教学方法，进而提升教学效果。

大力培养卓越教师，绝不仅仅是发展教育的权宜之计，而是教育事业历史性发展的需要、教师队伍建设客观现状的需要和创新型人才培养目标实现的需要。我国教育事业的历史性发展需要大批卓越教师。

卓越教师培养的协同性，也要求人才培养质量具有协同性，即培养主体的多元化，涉及到政府、企业、职业院校，尤其要注重职业院校的评价，职业院校作为用人单位，对培养人才的好坏，有重要的发言权。因此，学校在对学生学业的考核中要重视来自卓越教师评价，卓越教师往往能根据职业院校的需求，进行切实有效的评价；对学生的毕业设计的评价则要引入第三方评价或者多方利益主体进行评价，从选题到最后评价整个毕业设计环节，邀请更多的利益主体参与进来，使毕业生的毕业设计不流于形式，而是通过毕业设计环节，进一步培养学生的技术性和学术性。另外，实现评价主体的多元化。[1]

（三）突出创新培养

早在 2007 年 2 月，温家宝同志视察东北师范大学时提出：“中国得有成千上万的杰出的教育家来办学。”培养卓越教师，造就成千上万的杰出教育家，让教育家办学，是国家的需要、时代的呼唤、民族振兴的希望。当前，我国正处于全面提高教育质量、建设人力资源强国的关键时期，以 2010 年全国教育工作会议召开和《国家中长期教育改革和发展规划纲要（2010—2020 年）》颁布实施为标志，我国教育事业站在了新的起点，步入了新的发展阶段。教育优先发展战略地位的日益巩固、中国特色现代大学制度的构建和完善、义务教育课程标准的修订和颁发，对全面推进和实施素质教育，加强教师队伍建设提出了新的要求。能否尽快造就一支师德高尚、业务精湛、结构合理、充满活力的高素质专业化教师队伍，关系教育改革发展的全局。我国教师队伍建设的客观现状需要大批卓越教师。

近年来，国家和地方政府加大教育投入，加快教育改革发展步伐，并将教师队伍建设作为教育改革和发展的基础性工作来抓，使我国教师队伍建设总体状况在短时期内有了很大改观。但从未来我国教育发展的总体趋势和目标来看，教师队伍建设还面临着诸多挑战。

创新型人才培养目标的实现需要大批卓越教师。创新型国家建设，科教兴国和人才强国战略的实施，都需要大批创新型人才和高素质的劳动者。在创新人才的培养中，学校教育发挥着关键性作用。职业院校有着自由的学术传统、深厚的科学积淀、系统的学科体系和丰富的人文物质资源，为培养创新型人才提供了丰厚的土壤和有力的保障。学生在职业院校内形成的学习习惯、学习方法和学习兴趣等，为创造性思维品质的形成、从事创造性劳动所应具备的价值取向和社会责任感的养成打下基础，职业院校为创新型人才形成起到启蒙性和奠基性作用。在职业院校的教育中，职业院校的教师都要坚持不断培养学生的创新意识、创新能力和创新人格。因此，只有具备创新精神、创新思维和创新能力，并热心创新人才培养的教师，才能够培养出更多的创新型人才。加快师资人才培养，造就卓越教师和未来教育家，提高教师队伍整体水平的重要性和紧迫性更加凸显。

创新精神是一名卓越教师必备的素质。一名教师要成长为卓越教师，需要在创新精神的驱动下不断更新教育观念、创新教育内容、变革教育方式方法。教师开展教育科研是教师获得创新精神的有效源泉。通过实地调查、实验研究、筛选经验、科学论证等为主的教育科研方法，教师一方面能够提炼自己的成功经验，并使之升华为对教育规律的科学认识，进而运用到实际工作中，推进教育理论的创新和教育改革的实施；另一方面，教师通过科研的眼光审视在教学实践中遇到的问题，通过深入探讨解决的途径和方法，做出创新，从

[1] 周慧娜．中等职业学校卓越教师培养模式研究 [D]. 天津职业技术师范大学，2015.

而成为一名卓越教师。[1]

三、推动终身教育，提升综合能力

“教师的工作是塑造灵魂、塑造生命、塑造人的工作”[2]，也是引领时代、启迪智慧的工作。教师有经师、人师、大师之分，其中的人师、大师就是我们所说的卓越教师。其根本目标和宗旨就是通过寻求教师教育改革的突破口，着力培养党和人民满意的“师德高尚、专业基础扎实、教育教学能力和自我发展能力突出的高素质专业化”的卓越教师队伍，不断推进教育现代化，实现教育优质、公平、均衡和可持续发展。作为卓越教师，就必须师德高尚、能力卓越、知识渊博、技艺娴熟、发展良好。作为卓越教师，要以推动学生的终身教育为目标，提高自身的综合能力。

（一）推动终身教育

卓越教师，就是指具有高尚的道德素养、明确的价值取向、熟练的教学能力、科学的组织管理能力和专业发展能力的优秀教师。实际上，卓越教师是对高水平优秀教师的一种预期，更多地体现为一种柔性或者程度性定性描述。高质量的教师是高质量教育和优质人才培养的支撑和保障，而卓越教师是构建高质量教师队伍不可或缺的组成部分，具有引领整个学校良好精神风貌、促进教师个人品德形成、专业成长、个人发展等重要作用，是一所学校文化软实力的标志。教师自身努力和主动修为是卓越教师成长发展的内生动力。

教师的内生素质和潜在能力均在于个人的修为。要成为一名卓越教师，关键是教师本人必须在教书育人的具体实践中进行永不满足的锤炼、反思、追求和提升。因为教育具有基础性、先导性、全局性和决定性作用，所以作为卓越教师，首先必须具有高尚的品德，荀子指出：“师术有四，而博习不与焉。”只有“尊严而惮，耆艾而信，诵说而不陵不犯，知微而论”者才“可以为师”。[3]也就是说，作为卓越教师除了有渊博学问外，还应具备有尊严、有威信；有丰富的阅历和崇高的信仰；诵说经典有条理；了解教材精细，并且微言大义这四个条件。学高为师，德高为范，卓越教师只有学识渊博、为人师表，才能让学生“亲其师，信其道”[4]，正如孔子所言：“其身正，不令而行；其身不正，虽令不从。”[5]著名教育家叶圣陶先生非常重视教师品德养成，指出：“教育工作者的全部工作就是为人师表。”[6]充分说明，高尚的品德是卓越教师的首要素质。

教师具有崇高的道德品质是其职业要求天然必须具备的素质。但教师的德性不是先天具备、与生俱来的，而是后天修养获得的职业角色认同。作为卓越教师，要努力塑造自己崇高的德性，关键是要塑造自己的人格。人格的力量具有强大的感召力和凝聚力，对学生

[1] 刘益春．协同创新，培养卓越教师 [J]. 中国高等教育，2012.
[2] 习近平．做党和人民满意的好老师 [N]. 光明日报，2014-9-10.
[3] 荀子·致士［M］．北京：中华书局，2007.
[4] 礼记·学记［M］．北京：中华书局，2007.
[5] 程昌明译注．论语［M］．太原：山西古籍出版社，2003.
[6] 叶圣陶．叶圣陶文集（第十一卷）［M］．南京：江苏人民出版社，1991.

具有震撼心灵的影响和冲击。具体从“德”的方面来说，卓越教师的人格应该包括情操、品行、道德、意志、信念、气度、胸怀等；从“智”的方面讲，应该包含扎实的学科专业知识、人文社科知识、教育实践知识和富有幽默感等；从“能”的方面讲，核心是创新、研究、反思、超越、批判等能力。它们会通过各种途径和方式渗透、融合到整个教育、教学、管理、服务过程当中去，甚至影响学生终生。因此，教师的人格考量着教师的一举一动，凸显着教师的品德、威信和价值，制约着教师的格调、质量和品位，是卓越教师德性的核心标准。作为卓越教师，尤其应该注重锤炼自己的崇高人格。孔子非常重视教师在教书育人中的人格力量和学识水平，认为教师最宝贵的品格就是“默而知之，学而不厌，诲人不倦”❶。

同时，教师还应该拥有积极乐观的心态。当前，由于教师待遇低、责任重、工作强度大等客观原因，导致部分教师尤其是青年教师心理压力大，长期处于亚健康状态，极易产生职业倦怠，甚至会将负面情绪和价值观通过课堂带给学生，影响学生的成长和价值观的形成。教师只有具备健康的心理素养，才能积极处理压力，缓解负面情绪，热情投入工作，专心人才培养，成为卓越教师。

教育是培养卓越灵魂的事业。教师最大的贡献就是能够为学生创设一个幸福而有意义并伴随其一生的成长和发展路径与策略。因此，教师就是做一件幸福的事，让自己幸福也让学生幸福。❷让每一个学生都一生幸福、事业成功、人生卓越、生命辉煌，是教育所终极追求的目标，也是把我们国家和民族引向腾飞和强盛的根本保障。从某种程度上来看，一个学校的全部内涵就在于教师，教师是兴校之基、强校之本、名校之魂。要培养卓越人才，必须有卓越教师！追求卓越是教师体验职业幸福的过程，成为卓越教师是每一位教师的理想和追求，也是时代赋予教师的神圣使命。作为卓越教师，要能够为学生的快乐成长和精神家园打下坚实的基础。这样才能算是真正意义上做到了推动终身教育。❸

（二）提升综合能力

人才培养的质量取决于教师队伍的水平。在职业院校教育快速发展的进程中，职业院校教师队伍建设成为一项长期而艰巨的任务，而能力建设与发展又是师资队伍建设的核心。由于评价具有导向、激励和促进等功能，通过能力评价，全面把握职业院校教师综合能力的现实状况，发现和诊断存在的问题与不足，寻求改进和提升的手段策略，对于职业院校教师队伍建设和管理具有显著价值，十分有利于教师成长和职业院校的发展。

职业院校教育培养面向生产、服务、建设和管理一线具有较强应用能力的高技能人才。职业院校教育既是高等教育，具有高等性，又是职业教育，具有职业性，因此职业院校教师除在一般意义上具有教师特质外，也有其独到的内在要求。基于职业院校教师的职业性及其内在要求，职业院校教师必须发展为一个综合能力的“载体”，否则无法胜任职业院

❶ 论语·述而［M］. 北京：中华书局，2007.

❷ 席争光. 做一个幸福的耕者［N］. 教育时报，2014-04-30.

❸ 周先进. 卓越教师：内涵、素质及培养 [J]. 高等农业教育 2015（8）：31-35.

校教育的人才培养和具体教学任务。所以职业院校卓越教师必须具备五个方面的能力，即教学传授能力、专业实践能力、方法与工具能力、科研与发展能力以及社会行为能力。其内涵分别是：

（1）教学传授能力——实施一定教学任务、达到既定教学目标、实现预期教学效果的能力，主要包括教学设计、教学实施、教学评价等方面的能力。

（2）专业实践能力——在一定专业范围内，从事相关工作领域或职业岗位的能力水平，尤其包括实际操作能力、动手能力、具体工作情境下的应变能力。

（3）方法与工具能力——有效分析问题、把握问题解决路径和方案的能力，运用信息技术、网络技术、计算机工具、教学器具等应用能力。

（4）科研与发展能力——在一定专业内同企业生产经营密切结合的应用性研究的能力，教学研究和课程开发的能力，终身学习力，专业发展和可持续发展能力。

（5）社会行为能力——基于卓越教师职业需要的与学生、同行、领导、企业界人士等的社会交往能力，包括沟通能力、协调能力、冲突处理能力、团队合作能力等。

上述五个方面的能力，构成职业院校卓越教师综合能力的主体方面，其中，教学传授能力和专业实践能力是核心，是职业院校卓越教师言传身教培养学生、发挥和实现自身岗位职能的直接仰赖；方法与工具能力和社会行为能力是依托，是其他能力得以发挥的重要基础；科研与发展能力是后盾，是卓越教师整体能力素质不断提升、围绕一定专业化发展方向持续前进的不竭源泉。

教师综合能力评价是教师评价的一种形态。而卓越教师评价，则是在一定教育价值观的指导下，根据卓越教师面向的教育对象和所应承担的任务，结合其专业特点，对卓越教师在教育教学活动中的表现和效果、卓越教师胜任力及其专业发展能力作出的价值判断过程，其目的在于提高人才培养效能和促进卓越教师的专业发展。❶

（三）培养综合素质

职业学校教师属于教师行业中的一种，是履行职业教育教学职责的专业人员，承载着培养社会主义伟大事业的建设者和接班人、提高全民族素养和传道授业的使命。结合职业院校教师本身所固有的特点，其卓越教师综合素质主要有三个方面的体现：

一是基本素质，卓越教师素质的层次决定着教师工作成效的高低，影响着学生未来的发展。首先，作为卓越教师，应具有坚定、鲜明、正确的政治方向，卓越教师要认真并自觉学习有中国特色的社会主义理论，具备较高的政治理论素养，拥护中国共产党的领导，热爱祖国，通过日常的自身影响，培养学生成为热爱本职工作、热爱党、热爱祖国的栋梁之材。其次，卓越教师要具有崇高的职业理想，体现在卓越教师对学生的爱和对教育工作的爱。这也是卓越教师价值观、世界观和人生观最根本的表现。

二是业务素质，卓越教师具备较高的业务水平是完成教育教学工作的前提。卓越教师

❶ 史枫．高职院校教师综合能力评价：基点与设计 [J]．中国职业技术教育，2008（6）．

的业务素质包括理论知识和技术能力。首先，卓越教师要有扎实的理论功底，体现在科学文化知识掌握程度。所谓“资之深，则取之左右逢其源”。其次，卓越教师要有精湛的专业技术能力。综合运用各类技能知识是实施职业院校教育的保证。主要包含：沟通能力、组织管理能力、教学研究能力、专业操作能力、对学生指导能力以及自我再学习能力。

三是心理品质，要培养出心理和品质健全的学生，教师本人首先要有健全的人格。既要拥有强大的心理素质和较大的心理容量，又要永远保持乐观的心态，才能不断攀越事业的高峰。

总体来说，职业院校的学生对自身要求相对比较松散，因此需要教师持续性的言传身教，而强大的师德修养对学生会产生积极的影响。师者，传道、授业、解惑也。作为职业院校教师，我们从事的是教书育人的神圣职业，我们必须秉承“教学相长”的精神，苦练技能，钻研教材，严谨教学，努力提高教学质量，争做先进生产力的推动者和先进文化的弘扬者；自觉加强师德修养、脚踏实地、甘于奉献，做学生健康成长的指导者和引路人；“一切为了学生、为了一切学生、为了学生的一切。”学高为师，身正为范。在当今知识更新加快、科技日益进步的时代，为了传授最前沿的知识，探讨最领先的问题，我们必须在浩瀚的知识海洋里汲取更多，必须在无知世界寻找突围的路径，才能够给学生更多的启迪，传授给学生更多的人生智慧。教师要做到爱生、爱岗、爱国，就必须树立“学高为师、身正为范”的师德理念，下大力气弘扬“学为人师、行为世范”的崇高精神，发扬“静心教书，潜心育人”的敬业精神，具有热爱教育事业的强烈事业心和集体荣誉感，拥有了这些品质就毫无疑问是一名卓越教师了。

职业院校承担着为国家培养高级技术性、实用型人才的重要历史使命。提升职业教育师资队伍水平，已经成为职业教育工作者的共识。通过多种渠道对职业院校卓越教师综合能力下大力气进行培养，学校也积极主动创造条件做好这项工作，使学校拥有一个心理素质过硬、有爱心责任心、技术水平高、实践指导能力强的卓越教师团队，从而提高职业院校学生的理论知识功底和实践操作能力，使学生成为社会主义事业建设所需要的优秀的高素质技能型人才。[1]

（四）实现终身教育

教师工作不仅仅是一种技术性的工作，更应该是一种内在的信念。由此可见，具有高尚的道德品质是卓越教师专业素质的核心内容。卓越教师的道德性素质主要包括五个方面：坚定的理想信念、高尚的师德风范、闪光的人格魅力、过硬的身心素质和端正的学术道德。坚定的理想信念影响教师对职业教育的理解与热爱，决定教师发展的动力，引领教师成长的方向。

教师的职业道德简称师德，一般是指教师在教育活动中必须履行的行为准则和规范，是每一个教师对社会和受教育者所承担的道德责任和义务。[2]人格魅力是教师整体素质的

[1] 曹乃悦，孙忠民．高职院校教师综合能力提升途径研究 [J]. 科教导刊，2017（1）.

[2] 马建富．职业教育学 [M]. 上海：华东师范大学出版社，2007：163.167.

体现，包括工作、生活、思想、行为。卓越教师具有闪光的人格魅力能不自觉地在工作、生活中团结同事、吸引学生，以无声的行动树立言传身教的榜样，让学生、同事、领导自觉、自发地认同、模仿、跟随。卓越教师必须具有优良的心态。健康的身心是进行繁重工作的必要前提，尤其是卓越教师的心理健康，它具体体现在其认知与平衡度的把握上。[1]应试教育造成了知识与情感之间的严重失衡，学生认为“分数”是衡量一切的标准，导致学生发展片面、畸形。为了阻止这种情况的发生，卓越教师必须要学会在知识和情感中找准平衡点，不仅要控制自己的情绪，也要引导学生处于知识和情绪的和谐状态。

端正的学术道德是卓越教师道德性素质的重要构成要素，教育部《关于加强学术道德建设谨防极端利己之风》中指出：“学术道德失范包括育人道德失范、教学道德失范、科研道德失范等。”学术道德失范失去的不仅仅是科研成果，同样还有教师这个职业的尊严，端正学术道德，树立“学术民主”之风，是成为卓越教师的必要条件。卓越教师之所以卓越，有一个显著的特征：他能通过自己不断地追求发展带动身边的人一起成长，并在各方面为教师团队树立榜样，从一个卓越教师为切入“点”，进而带动整个教师团队发展成“线”，最后在教师中形成良好的自我发展“面”。这就是卓越教师。[2]

四、塑造典型带动，营造卓越氛围

提升了职业教育的整体质量，就能更好地发挥卓越教师的带动作用，营造卓越氛围。高素质的卓越教师队伍是改革和发展的根本保证，因此我们需要全面提升卓越教师的整体素质、传播先进的教学理念和组织活动方式。卓越教师专业水平的提高，促进了职业教育的整体发展。将卓越教师的教学方法和经验通过活动展示给其他职业教师，对职业教师整体教学水平的提高起到了重要的带动作用，营造了超乎想象的卓越氛围。

教师这个职业是带动社会发展、创造人类认知文明的崇高职业，古往今来人类历史上都出现了许多的优秀老师、学者，他们带动了人类文明的发展，一次又一次的社会革命都离不开这些人的理念。中国历代王朝的领导人身边都有一个良师益友，一名优秀的教师能带动一个王朝兴衰。一个良好的氛围可以使受教育者快速地接受传授的知识，所以一位卓越教师不止需要带动学习的积极性，还需要营造一个良好的卓越氛围。现就从两个方面做以下分析。

（一）塑造典型带动

1. 典型带动的内涵

职业院校卓越教师是国家职业院校中的模范人物，在职业院校卓越教师具有雄厚的教学实力及丰富的教学成果的基础上，重点是将这些丰富的建设成果推广出去，主动发挥带动作用。职业院校卓越教师的模范作用带动其他教师提高教学实力，树立带动职业院校卓越教师的示范旗帜，将自身的建设成果全面展开，带动其他教师共同进步、共同建设、共

[1] 马建富．职业教育学 [M]. 上海：华东师范大学出版社，2007：163.167.

[2] 刘青青，周先进．职业院校卓越教师专业素质的内涵及构成要素 [J]. 职业技术教育 .2017.38（4）35-38.

同发展。因此，在职业院校卓越教师的建设成果推广期内，带动能力的建设是职业院校建设发展的战略重点。[1]

爱因斯坦曾在《探索的动机》一文中说道：“一个修养有素的人总是渴望逃避个人生活而进入客观知觉和思维的世界；这种愿望好比城市里的人渴望逃避喧嚣拥挤的环境，而到高山上去享受幽静的生活，在那里，透过清寂而纯洁的空气，以自由地眺望，沉醉于那似乎是为永恒而设计的宁静景色。”一位卓越的教师，他总会不断尝试着用新的眼光去打量自己的教育生活，不断尝试着转换思维方式去发现孩子们新的成长变化，他总是敏锐地体验着教育生活，不懈地追求着宁静自由的教育境界。卓越教师带动教师找到了一个崭新的生命世界，诱导着教师在其间不倦地耕耘；是卓越教师，不断地带动着教师长期坚持自我修炼，通过对教育问题的不断解决，逐渐步入教育世界的胜境。自觉承担教书育人的神圣使命，教育是事业，事业需要承担社会使命；教育是育人，育人需要具有担当意识、奉献精神。自我修炼的道路是漫长而艰辛的，还需要具有教育使命感，这是卓越教师成长进程中不可或缺的外部动机，也是卓越教师不断获得专业成长的坚实后盾，正是这些卓越教师，他们带动着一批有一批教师成为了卓越教师。[2]

2. 典型带动的内容

职业院校卓越教师的内容应具有广泛性。职业院校是综合水平较高的院校，因此一所职业院校的卓越教师带动内容不是某一方面的建设工作，而应在教学理念、人才培养模式、专业建设、课程建设、校内外生产性实训基地建设、师资队伍建设、教学特色等多方面总体上都达到国家卓越水平并进行示范带动。国家职业院校卓越教师带动计划的目标，将教学理念先进的、教学特色鲜明的和教学实力较高的卓越教师发挥其示范的带动作用，带动职业院校其他教师共同发展共同提高。因此，职业院校的卓越教师职责不仅是作为源向外产生带动，而且还应能产生够大够好的带动作用。职业院校一方面是带动教师教育思想、教学理念等精神层面的影响。另一方面是教学成果和教学经验的推广。在教学理念、教学方向上引领院校职业教师，提高整体教学水平等诸多方面。[3]

3. 典型带动的意识

随着教育改革的不断深入，卓越教师的地位和作用越来越被人们所认识和重视，“卓越教师”已成为职业院校的强烈共识和极为重要的培养目标。职业教育的均衡发展取决于学校，学校的可持续发展取决于教师，而整个教师在很大程度上取决于有无一批名优型骨干教师的支撑与带动。为了强化卓越教师的引领作用，实现优质教育资源最大范围的共享，促使卓越带动教师不断提升教师的专业素养，提高教师队伍的整体水平，形成了教师共同发展、共同提高的良好局面。利用卓越教师带动教师，是科技的进步，也是时代的要求，给教师教育带来了机遇和挑战。为教师提供了更广阔的学习和交流平台。每一位教师都要

[1] 郜倩倩．示范性高职院校的辐射带动能力建设研究 [D]. 江西科技师范大学，2013.

[2] 李重．优秀教师的成长：研究意识带动自我修炼 [J]. 教育科学论坛，2011（10）.

[3] 郜倩倩．示范性高职院校的辐射带动能力建设研究 [D]. 江西科技师范大学，2013.

不断提高自己的水平和能力，不断完善素养，成为卓越教师。

4. 如何典型带动

卓越教师需要具备什么样的品质？作为卓越教师，我们首先要有一个明确的职业规划，即我们要怎样成为卓越教师，应起到一个怎样的带动作用。我们认为主要有以下几方面：

第一，敬业精神。要把教师这份工作不仅看成是职业，而且看成是一份志业，是交汇和融入了个人兴趣和人生理想的一份事业，是我们孜孜以求、精益求精而乐此不疲的志业。

第二，融洽的人际关系。融洽的人际关系可以使工作更为轻松愉快。这包括三个方面，即教师与学生之间的融洽、教师之间的融洽以及教师家庭的融洽。教师与学生的融洽要求我们建立新型师生关系，只有学生在内心深处认可了老师的为人和学识，才能积极投身课堂。教师之间的融洽对教师的身心健康也很重要。教师与家庭成员之间的融洽、和谐才能让教师安心工作，不至于因后院起火而忧心忡忡。

第三，团队精神。卓越教师的工作需要集思广益。集体备课、教案和课件共享、学案一体化等做法就能体现这种精神。以集体备课为例，这是群体智慧的一个代表。它以备课组为单位，每周一次由备课组长主持进行。每一位教师在集体备课中都应当积极投入，发表自己的创见，别人的教案上必须有自己的理解。集体备课的作用在于集众家之所长，教师之间既能砥砺学问、切磋技艺，又能资源共享，共同研究出最佳教学方案。

第四，自动自发地工作。我们以为合格的卓越教师应该做到充分了解工作的意义和目的，了解学校近期目标、长远目标和共同目标，了解自己的工作与其他同事工作的关系，并时刻注意环境的变化，自动自发地工作，而不只是唯命是从，具有较强的执行力的人随时随地都想着学生，了解学生的需求后，从学生的角度出发帮助他们学习，帮助他们解决困难。

第五，提高工作效率。遇到问题就自己想办法去解决，碰到困难就自己想办法去克服，找办法提高工作效率。在学校里，没有任何一件事情比一个教师处理和解决问题更能表现出他的责任感、主动性和独挡一面的能力。尤其是卓越教师处理课堂的突发事件，没有一定的效率和魄力势必难以做到得心应手。[1]

（二）卓越氛围内涵

研究报告《在实验创造的“卓越氛围”中的攻击行为类型》中提出了领导风格理论，并对在民主、专制和放任三种不同领导风格下所形成的不同的氛围和工作效率进行了研究。他认为氛围是不同个体认知之间相似或相同的部分或是组织内部个体的共同知觉，用以描述一般环境刺激与人类行为之间动态的复杂关系。

如尊重组织规则和经营程序的伦理氛围、工具主义的伦理氛围、尊重法律的伦理氛围、独立性的伦理氛围和关怀的组织伦理氛围。美国盖洛普公司的研发的测评方法即盖洛普，因其简单、直接在跨国公司使用较多，分为了组织支持、工作成效、归属感三个维度。主要用于测量职业院校的氛围。

[1] 刘长锁. 以教师发展带动学校全面可持续发展 [J]. 中国校外教育，2010（8）.

一是由于氛围定义本身的多样性，导致氛围维度的确定也存在多样性。

二是部分学者对于氛围研究的不断细化，如就曾经提出“专指氛围”与“泛指氛围”的概念，专指氛围如创新氛围、团队分享氛围、安全氛围等，以及在氛围研究领域上的行业化，如学校组织氛围、医院组织氛围、高科技企业组织氛围等，使得氛围的维度在一定特指领域中的表现更有差异性。

三是由于中西方文化的差异，不同文化背景的国家，个体感知的氛围维度并不相同，甚至同一国家不同类型的组织个体感知的组织氛围的特质都并不一样，因此卓越氛围表现出不同的维度。

Lewin 最早提出氛围（Climate）的概念，指出了解教师的行为，需先考虑行为发生的场所，氛围是教师对环境的评价和感知，对教师的动机和行为有重要的预测作用，并且能直接或间接地影响教师的教学质量。氛围是针对工作情景而言的，不同情境下的氛围类型存在差异。“卓越氛围”的概念，是职业院校通过各类学术活动的积淀所形成的本质的、深层的文化底蕴，一所职业院校它以一种潜移默化的方式影响着学校内部成员的工作动机、学术道德和科研态度。社会交换理论认为，当教师感知到组织的关心和支持，会受到激励和鼓舞，主动加入到社会交换关系中，以积极的行动来回报组织，使个人和组织获得最大的需求满足，实现双赢的理想情况。梁爽经实证研究发现，在组织氛围的六个维度中，学术交流对教师科研绩效的正向预测作用最明显。同时，职业院校也有研究表明，学校的氛围与教师的职业压力感息息相关。良好的氛围能降低压力导致的消极反应，有助于组织成员保持良好的工作心态。[1]

（三）营造卓越氛围

其实，氛围与卓越教师自主学习之间存在着密切的联系。一方面，学习氛围良好的卓越教师给学校营造了一种崇尚学习支持学习的环境和气氛，鼓励教师通过学习促进自身的成长，所以教师在其中必然能感受到自身的价值和学校对其学习活动的支持，教师也因而容易表现出主动学习的行为；另一方面，重视学习的学校能够积极地为教师的自主学习创造有利的条件；这有利于调动教师学习的积极性。是卓越教师营造卓越氛围的关键所在。

氛围对于激发和形成人在氛围中的行为方式有很大的影响，其影响之大足以克服组织成员之间的个体差异，以致于人们往往表现出相互一致而又与一般人不同的行为方式，甚至人们一看便知他们的行为属于哪些特定的组织。个人在组织中的行为不仅仅是由于个人的个性特征所引起的，而且还受到个人所处整体情境的影响。卓越教师专业发展的生态模式理论也认为，虽然卓越教师因为其劳动的个性化特点在工作实践中常常处于孤立的状态之中，但教师的专业发展和学习却并非全然依靠自己。卓越教师学习依赖于所在学校的教学文化和学习氛围，正是这种教学文化和学习氛围，为成为卓越教师的学习提供了支持和认同。[2]

---

[1] 王仙雅，林盛等．科研压力对科研绩效的影响机制研究 [J]. 科学学研究，2013（10）.

[2] 钟启泉．学习环境设计：框架与课题 [J]. 教育研究，2015（1）.

学习氛围越好，卓越教师自主学习的状况也越好；卓越教师感知到的工作特征越不好，其自主学习状况也越差。进一步的逐步多元回归分析表明，学习氛围和工作特征各因子对卓越教师的自主学习有一定的预测力。其中，学习氛围首先进入了回归方程，其次是工作特征中的社会偏见与感知到的忙碌感。在个人交流学习和进取心因子上缺乏支持和公平感，人际消耗与冲突也进入了回归方程。学习氛围与卓越教师自主学习之间存在密切联系。

一方面，学习氛围良好的学校营造了一种崇尚学习、支持学习的环境和气氛，鼓励卓越教师通过学习促进自身的成长，所以卓越教师在其中必然能感受到自身的价值和学校对其学习活动的支持，卓越教师也因而容易表现出主动学习的行为；另一方面，重视学习的学校能够积极地为卓越教师的自主学习创造有利条件，这有利于调动卓越教师学习的积极性。巴克（Berker，R.G.）从生态心理学的角度指出，环境对于激发和形成人在环境中的行为方式有很大影响，其影响之大足以克服组织成员之间的个体差异，以致于人们往往表现出相互一致而又与一般人不同的行为方式，甚至人们一看便知他们的行为属于哪些特定的组织。个人在组织中的行为不仅仅是由于个人的个性特征所引起，而且受到个人所处整体情境的影响。

五、完善管理机制，鼓励参与管理

在管理机制中，卓越教师面对当前复杂的教育对象，卓越教师的管理能力变得越来越重要，卓越教师作为管理者的角色不容忽视。教学中职业院校卓越教师作为管理者的角色需要管理课程内容、管理学生作业、管理学习活动，以及管理学习管理系统等。要从卓越教师管理制度的视角分析，更好地促进职业院校卓越教师管理方案，建立交流卓越教师信息共享平台，完善管理机制，多元参与管理。

卓越教师管理者在认识和建设过程中普遍存在困惑和迷茫。卓越教师管理包含哪些内容？如何突破国内卓越教师管理在发展过程中的瓶颈？如何在学校管理中做到和谐又充满活力？从卓越教师管理现存的问题出发，我们需要对卓越教师管理进行界定与理解，卓越教师要做到完善机制、参与管理。

（一）培养管理理念

在我国现行的教师管理体制中，国家、地区层面的卓越教师管理进程，卓越教师管理能力把注意力聚焦于更普遍的、学校层面的教师管理进程。“一个好教师就是一所好学校”的说法每见诸于报端，作为职业院校、卓越教师所担当的地位和责任举足轻重。因此，在这一波卓越教师的发展浪潮中，以卓越教师为代表的管理者的管理能力同样深远地影响到职业院校教育的发展。卓越教师的管理能力在很大程度上影响和决定了一个学校的教育建设进度和水平，同时，全部卓越教师与学校发展和学校整体发展息息相关。卓越教师自身在促进技术全面应用于学校教学和管理中的能力和素养至关重要；卓越教师的决策激励和影响卓越教师，促进学校可持续发展与卓越教师创新超越能力的提高。卓越教师的管理能力在学校中往往是重要的，同时，能够通过一系列的规划、政策、策略以及日常的相关行为，共同努力完善管理机制。

管理的本质是协调，卓越教师管理追求的同样是一种和谐，个性与统一、自洽与协同。通过比照国内外在卓越教师管理方面的不同做法，寻求对于我国卓越教师管理创新的启示，我们可以看出，卓越教师管理最重要的资源是管理者（“人”的要素），而学校管理者在信息时代有了更多的权利和责任。他们肩负着管理与领导的双重任务。其中管理关注的是卓越教师管理教学的维持；领导关注的是学校战略问题，注重学校在进程中的创新和变革。为了促进卓越教师管理工作的顺利实施和长远发展，卓越教师需要做到管理职责与领导艺术的融合，因此，对于我国职业院校政策制定者而言，下一步需要对卓越教师管理者的培训和专业化发展提供更多的政策支持和技术、资金、人员等方面的投入。❶

（二）构建管理知识

随着教学理念不断成熟，如今我们已经认识到一个好的管理体系也是整个教学体系中的重要内容。相对于传统的教学机制而言，当前整个教学活动中缺乏完善的管理机制，尤其是多数卓越教师在进行实践教学指导过程中，自身缺乏对管理活动的准确认知，同时管理经验相对不足，因此，如何引导卓越教师积极参与整个管理机制，就值得我们深入探究。作为卓越教师要怎样去管理，概况如下：

卓越教师需要管理专业知识。在知识经济时代，知识被认为是这一时代财富的主要来源和加速器，是个人和组织的重要资源。教育领域也许是世界上最古老的知识管理行业。在卓越教师专业发展过程中，其核心知识是专业圈的内容。因此，专业知识管理在卓越教师专业发展中尤为重要，良好的专业知识管理习惯是卓越教师专业发展的利器，卓越教师的专业知识管理能力构成卓越教师专业的核心竞争力。高效的专业知识管理能够帮助卓越教师建立专业知识系统，完善卓越教师的专业知识结构，形成卓越教师的专业管理能力。在专业知识管理视角下审视卓越教师专业发展，建立有效的专业知识管理策略，有助于卓越教师专业知识的深化，提升卓越教师专业发展的水平。卓越教师如能正视个人建构知识的能力与价值，进而将此种知识作系统性的组织与管理，并应用在专业实践与发展过程中，不但可以使自己的教学免于脱节，也能让卓越教师专业知能通过知识归纳整理与回馈逐渐增长，跨越自我的藩篱迈入更高的层次。

卓越教师专业发展主要指卓越教师自身专业知识与技能的提升与融合，获取、存储、生产创造和共享创新等专业知识管理过程，是卓越教师专业发展的有效途径和方法，其目标是养成良好的专业知识管理习惯、掌握专业知识管理方法，从而提高卓越教师自主学习能力和终身学习能力，完善整合技术的学科教学法知识，促进卓越教师专业发展。卓越教师通过知识管理积累和完善个人知识体系，促进隐性知识转化为显性知识和组织知识，提高知识的检索和提取的效率，在此过程中无形地提高学习能力和知识管理能力，促进专业技能成长，提升个人价值和核心竞争力。同时，经历高度专业发展的卓越教师也必定是一

❶ 王瑛，贾义敏等．教育信息化管理实践中的领导力研究 [J]. 远程教育杂志，2014（4）.

个优秀的专业知识管理者，具有敏锐的知识管理意识，具备良好的专业知识管理态度，能有效地实施知识管理活动，卓越教师在其专业发展过程中推动自身专业知识管理能力的进步。卓越教师的专业发展是一个动态的和持续渐进的过程，是教师专业发展的核心内容，专业知识管理是促进教师专业发展的重要途径之一，卓越教师的显性知识与隐性知识在专业知识管理的推动下实现转化和提升，共同构成了一个专业知识管理与卓越教师专业发展之间相互融会贯通、动态循环上升的过程。无论是卓越教师个体还是职业院校教师组织，良好的知识管理意识、知识管理态度和高水平的知识管理能力都能提高工作和学习效率，有助于教师完善知识构架，提升教师的专业核心竞争力。❶

（三）形成管理机制

依据教育规律组织教学，按照人才市场运营实施教学组织管理。在“三位一体”的教学模式中，将课内外、校内外与国内外有机结合顺畅运行是改革的难点。因此，在探索与实践过程中创新组织管理方式。一方面针对三种教学方法（课内外、校内外和海内外），各自内部的运行仍采取以往的垂直管理，保证日常教学管理高效运行，另一方面为了和人才市场需求有效对接，在教学管理中运用“网状组织管理”，提升教学组织形式和教学模式的灵活性，延伸卓越教师联合管理机制。❷

1. 协议机制——协议化价值共赢机制

教师与组织、教师与教师、部门与部门之间需要建立某种意义的协议。协议包括制度性协议和非制度性协议，制度性的协议也有法律意义的和非法律意义的。非制度性的协议是文化管理意义上的协议，即一种无形的共同精神契约，即价值观（理念、愿景、校训）的统一。制度性协议是非制度性协议的基础，非制度性协议需要通过制度性协议予以确认，以共同的行动表达制度性协议必须充分体现价值观的统一，这样的统一不是价值观归一，而是追求在尊重卓越教师和学生价值观前提下的价值观一致性，即追求职业院校、卓越教师、学生共同发展。

2. 协商机制——协商型冲突管理机制

是建立在尊重每一个人的原则基础上的文化管理机制。协商对于职业院校质量管理有着重要的意义，协商意味着职业院校所有卓越教师能够形成集体话语，以利于减轻卓越教师认知差异造成的理解障碍，以利于增进卓越教师之间的相互信任。建立协商机制首先需要建立多维、畅通、有效的管理管道，包括信息管道和调控管道。其次要建立正式和非正式的协商机制，正式的协商用于解决各方由于缺乏理解、了解所导致的冲突，非正式的协商是为避免加深和扩大冲突，而通过第三方进行的协商。

3. 合作机制——合作型质量诊改机制

职业院校所有卓越教师的合作在质量管理中具有重要意义，尤其是人才培养质量问题诊断与改进。在质量管理现实中，虽然出现于某一门课程、某一个教学环节上、某一个教

---

❶ 邱学青，李正．基于知识管理视角的高校教师专业发展策略研究 [J]. 高等工程教育研究，2013（11）.
❷ 叶军．高校“三位一体”教学模式与管理机制探索 [J]. 物流技术，2018（4）.

学行为，但是任何问题总是具有内在因素或要素的关联性。合作机制是职业院校内部质量保证体系构建的核心，如何准确理解和把握职业院校质量文化的内涵，如何理解和把握质量的文化管理要义和特征。依然是教育理论研究者和职业院校质量管理实践者的重要任务。我们不仅需要树立质量的文化管理理念，更需要将文化管理从理念走向实践，建立行之有效的质量文化管理机制，真正实现“人本位”的质量管理。[1]

（四）提倡参与管理

在推动学校教育进程中，卓越教师就要发挥卓越教师整体的力量。在学校组织中，卓越教师的角色非常重要，引领学校群体成员共同努力，最大限度地发挥卓越教师管理能力，从而更高效地推进学校的教育建设。在以往教师管理者的概念中和教育管理者的培训中，我们常常倾向于试图造就一个为众人所簇拥的伟大的管理者。然而，在教育领域中，卓越教师的英雄行动无论在数量上还是在机会上都是微乎其微的。所以，卓越教师管理能力或许会成为一系列研究的主题。可以预见的是，将会有越来越多的人参与到教育管理中。[2]

卓越教师通过参与管理，跻身于管理行列，获得独特的知识基础与专业判断的权力，提升专业地位和身份。在参与管理享有权威组织中，教师忙于完成技术性任务，没有时间对自身教学活动与质量进行反思和探究；同时，教师也越来越依赖于外部专家所提供的技能与培训，很少去管理或参与管理，在管理主义背景下，卓越教师管理活动被认为是“政策管理问题”，卓越教师是需要被监督、管理和改造的对象。卓越教师参与管理时有着不同的认识视角。有学者认为，卓越教师参与管理就是由教师参与制定、表决或贯彻学校事务政策的行为，以提高卓越教师的积极性和学校管理效率的方式。还有学者认为，卓越教师参与管理就是职业院校管理者通过一些制度和必要的组织形式，吸收卓越教师参与学校的决策和各项管理工作。管理的实质是参与职业院校决策。

卓越教师参与管理问题一直是治理实践和理论研究中的重要问题之一。职业院校管理民主化、科学化的实现离不开卓越教师的参与。

职业院校不同于一般的企业，也不同于一般的学校，职业院校管理面对的是具有高知识水平的卓越教师，他们担负着特殊的历史使命——培养高级专门人才，并开展学术研究和知识创新，从而推动科学进步和社会发展。职业院校教师参与院校管理主要是指卓越教师通过多种方式参与职业院校决策的制定与执行，并行使民主管理与民主监督权利的一种职业院校内部治理机制。目的就是为了提高卓越教师参与职业院校事务的意识，增强卓越教师参与的积极性，使职业院校的决策更科学、更民主、更公开。卓越教师只有加强了对决策过程的了解，才能从心理上对决策产生认可，从而确保决策的顺利实施。职业院校决策的内容应包括学校事务的方方面面，单由职业院校管理者是无法使庞大的学校决策科学化的。因此，职业院校卓越教师应参与学校管理。

---

[1] 程宜康．文化管理视阈下的高职院校质量文化思考 [J]. 职教论坛，2017（11）.

[2] 王瑛，贾义敏等．教育信息化管理实践中的领导力研究 [J]. 远程教育杂志，2014（4）.

1. 卓越教师参与管理能够促进卓越教师保持良好的心态

卓越教师参与管理不但考虑了卓越教师的心理因素，而且注重强化人本的管理。因此，学校要针对实际，在管理制度上加强人本管理，让卓越教师参与进来。参与管理可以使卓越教师以良好的心态参与到职业院校管理中来，让卓越教师保持乐观积极平和的心态，在参与中学会自我调控能力，并以旺盛的精力投入到教学工作；参与管理还能聚焦卓越教师的情感、价值观，营造宽松的工作环境；充满民主、平等、和谐的管理模式，使每一位卓越教师在职业院校管理制度面前感到安全和舒适。

2. 卓越教师参与管理可以提高卓越教师工作的积极性

参与管理卓越教师参与职业院校各项政策的制定，可以提高全体卓越教师工作的积极性和工作热情。事实正是如此，有卓越教师的参与的决策，可以得到全体卓越教师更好的执行，从而在工作中奋发向上，积极进取，为学校工作增添活力。

3. 卓越教师参与管理可以发挥教师专业人员的特点

在职业院校管理中，卓越教师参与管理具有积极的意义，卓越教师参与到职业院校管理中会改变职业院校组织的本质，卓越教师参与管理表示职业院校能够把卓越教师作为专业人员，这样做可以增强卓越教师的职业认同感，十分利于卓越教师专业方面的发展。[1]

六、革新评价理念，健全评价制度

卓越教师评价是保障教学质量、促进学校发展的重要方式，对职业院校卓越教师评价的改革与发展具有指导性作用，建立与教学学术发展相适应、以卓越教师专业成长为旨的卓越教师评价体系，能够把提高教学质量和人才培养质量上升为最终目标。[2]教育机构为卓越教师所提供的课程与教学的效果如何，所培养的未来卓越教师的质量如何，这就关涉卓越教师教育课程评价的问题。

什么样的评价能真正检测我们所期望的未来卓越教师能、会的内容？什么样的评价又能促进卓越教师专业可持续的发展？往往卓越教师教育课程评价范式的转变对卓越教师专业以及良好卓越教师形象有不同理解，决定着卓越教师教育课程评价的不同选择，卓越教师的专业程度被视为所掌握学科知识的深广度以及传授这些知识的熟练度。

一方面，对于卓越教师教育课程的评价理念应基于未来卓越教师在具体教学情境、教学行动中的表现来进行；另一方面，评价是否有效、评价方式是否恰切，对这一问题的回答必定是针对特定的目标而言的，也即评价与目标的匹配性。卓越教师教育评价制度，要充分发挥其主体作用，将其对学习的反思贯穿于全过程。更确切地讲，也只有在评价过程中发挥主体作用，使他们知道“要往哪儿去”“现在在哪里”“两者之间的距离是多少”“如何缩短距离”等促进学习的核心问题，真正的学习才能发生，评价才能更好地促进学

❶ 刘芳．中外高校教师参与管理的实践与发展 [J]. 宁夏社会科学，2012（11）.

❷ 王艳．教学学术视角下的中美大学教师评价制度反思与借鉴 [J]. 现代教育科学，2018（3）.

习。[1]学校的卓越教师评价模式以促进教师的专业发展为主要目的，评价结果以形成性评价为主并具有一定的分析性，能为卓越教师能力发展提供新思路和新方法，因此，将发展性卓越教师评价理念融入职业院校的卓越教师评价体系必不可少。

（一）革新评价理念

客观地说，较长时间以来，人们对卓越教师评价是十分重视的，这一评价甚至被作为卓越教师专业发展、卓越教师队伍建设的关键环节来抓。然而，在评价实践中产生了一些问题，让教师评价频频受到业界质疑。例如，有些评价者忽视卓越教师的自主性，在卓越教师素质评价过程中随意地给教师贴上“素质差”的标签；有些评价者用单一化的、刻板的标准来要求卓越教师，束缚了卓越教师的个性发展；等等。这些卓越教师并没有因为素质评价得到有效的激励，相反很受打击、压力倍增、成就感降低。这样的卓越教师素质评价，不但没能有效促进卓越教师素质的发展，反而可能会加重他们的职业倦怠。为什么会出现这种与目标偏离的怪象呢？主要是评价理念不清晰或出现偏差造成的。卓越教师素质评价到底该坚守什么样的理念？

1. 卓越教师评价理念

一方面，卓越教师需要具有一定的自我发展的意识和动力，自觉承担专业发展的主要责任，通过不断学习、实践、反思、探索，使自己的教育教学能力不断提高，并不断向更高层次的方向发展；另一方面，卓越教师教育应十分关注卓越教师的精神存在。精神教育，概括地说是对旨在促进人的精神世界发展，提升人的精神生活质量的教育活动的总称。精神教育在教育的价值取向主张教育目的在于提高人的内在精神素养。然而，要通过教育来充盈卓越教师的精神空间，其首要前提是重视卓越教师的精神处境、丰富卓越教师的精神世界。只有卓越教师的精神生长空间不断得到滋养才能通过自身的精神魅力与学生教师进行精神对话。在潜移默化中感染学生教师，提高学生的精神追求，实现对学生真正有效的精神教育。卓越教师在教育领域有积极的应用价值和巨大的发展潜力，卓越教师的专业发展不能简单理解为教师不断接受新知识、提高专业能力的过程，我们更应当关注教师精神存在的提升过程。[2]因此，卓越教师评价应体现如下理念：

第一，检测全面而整体的素养，随着社会发展对教育提出的新要求，人们对卓越教师专业素养的认识也有了相应的变化。对卓越教师专业素养的新认识集中体现在卓越教师教育课程标准和卓越教师专业标准中。各国标准反映出的对卓越教师素养的要求，将卓越教师教育课程目标划分为卓越教师信念与责任、卓越教师知识与技能、卓越教师实践与体验三个目标领域，这三者在卓越教师身上很难分开，而是融会在卓越教师的整个专业生活之中。我们虽然不反对在卓越教师教育课程评价上对各领域的“各个击破”，这三个领域的目标中确实涵盖了习得机制与表现方式均不同的学习结果。[3]

---

[1] 周文叶．职前教师教育课程评价：范式、理念与方法 [J]. 教师教育研究，2014（3）.

[2] 张进良，何高大．学习分析：助推大数据时代高校教师在线专业发展 [J]. 远程教育杂志，2014（1）.

[3] 周文叶．职前教师教育课程评价：范式、理念与方法 [J]. 教师教育研究，2014（3）.

第二，教学具有很强的情景性和不确定性，卓越教师作为“反思性实践者”是通过同情境的对话，运用经验中培育的缄默知识展开问题的反复建构与思考。因此，卓越教师的专业知识大多是缄默的和个性化的实践性知识。实践性知识具有经验性、案例性、综合性、缄默性与个体性等特征。它存在于一定情境中，往往难以言传，只能在教学情境中通过行动、反思的持续互动才能形成，只能在真实问题解决的过程中才能得以展现。

因此，卓越教师教育的评价理念也只有在真实情境中的真实问题解决的过程中进行，才能评价到它所要评价的东西，才能具有效度。健全和完善职业院校卓越教师评价体系，对稳定卓越教师队伍和提高教学质量具有重要作用。因为卓教师绩效评价应体现多因性、多维性和动态性等特点，而目前职业院校卓越教师评价体系应在克服评价内容单一及缺乏人文关怀等问题的基础上，进一步健全和完善评价理念。评价所持有的评价理念和认识态度会对评价产生重要影响。在实施评价时，以积极发展的观点看待评价，通过鼓励和建议的方式提高评价制度所要达到的根本目标。必须按照各个专业领域的实际情况，建立多元化评价制度。[1]

2. 卓越教师专业发展规划评价理念

卓越教师评价要激励卓越教师的专业发展自主意识。这种意识包括对自己过去专业发展过程的意识、对自己现在专业发展状态和水平的意识、对自己未来专业发展规划的意识，主要是发展规划的意识。因此，卓越教师评价中纳入卓越教师专业发展规划的规划评价的理念，将教师过去的发展过程、目前的发展状态和以后可能达到的发展水平结合起来，会使得卓越教师已有的发展水平影响今后的发展方向和程度，未来发展目标支配今日的行为。与卓越教师专业发展规划相结合的发展性卓越教师评价，就做到了从卓越教师自我陈述的目的和目标开始，确保目标是有价值的，并要求确立目标如何评价的途径与方式。要贯彻这一基本理念，就要注意：

（1）把卓越教师的专业发展规划纳入卓越教师发展性评价的体系之中，作为评价工作的重要一环。

（2）在发展规划中，要特别注意通过诊断性评价使卓越教师充分认识自我现阶段的发展状态、问题，制定合理的本周期发展目标与行动策略。

（3）卓越教师确定的规划目标对于卓越教师来说应具有成分的挑战性和发展价值，并且是可能的。

（4）要特别注意卓越教师所确定的达到目标进行评价的具体方式。

（5）在发展规划的制定中，要注重卓越教师之间的合作与帮助。[2]

（二）健全评价制度

卓越教师的评价制度是保障教育教学质量和促进卓越教师专业发展的重要方式，也是提高教师队伍素质的重要策略，对推动大学教育事业的发展具有重要价值。博耶当初提出

❶ 韩小娇，高军．日本大学教师学术评价的理念、内容及方法 [J]. 高教发展与评估，2013（3）.

❷ 栾敏．发展性教师评价理念探析 [J]. 黑龙江高教研究，2006（6）.

教学学术理念的目的是为了提高大学的教育教学质量、处理好科研和教学之间的关系，倡导给予教学应有的地位和尊严。美国大学的教师评价制度发展较早，教学学术理念在其高等教育领域得到发展、深化，对课堂教学、卓越教师评价与卓越教师专业发展等方面产生了重要影响，积累了很多经验。对其加以有效借鉴，以教学学术思想为指导，职业院校教师评价体系，能够有效推动职业院校卓越教师评价的发展。[1]评价制度是指在评价理念的指引下，根据评价目的收集学习者表现出来的与评价目标相匹配的信息的方式或手段。与上述评价理念相符的，能收集卓越教师教育目标相匹配的评价方法都是我们这里所讨论的基于表现卓越教师教育评价的制度，有以下几点：

1. 基于知识的评价制度

基于知识的评价的出发点是检测未来卓越教师的知识掌握水平和知识的有限运用能力。基于知识的评价的积极意义在于，能够引导卓越教师掌握扎实而丰厚的理论知识，这种储备在任何情况下都是卓越教师发展的坚实基础。但基于知识的评价的消极意义同样明显，它助长了未来卓越教师在知识掌握与运用在低水平徘徊，使得卓越教师教育未能为教育实践做好充分的准备。有关情境认知理论的研究表明，脱离具体社会文化情境而发展起来的认知能力，无法自动迁移至情境之中。有经验的卓越教师也认为，自己在以理论知识传授为主的职前教育中学到的东西，进入职业院校现场后基本用不上，还要从头学起。而对理论知识的考核主要通过纸笔测验和论文等形式进行；即使是实践味道比较浓的教育实习环节，其评价内容、标准也是由理论上看来完整的教学要素和“好”的教学的标准来确定的，无法改进教师培养的质量，“也无法提供他们是否真正能够教学的证据”。

2. 档案袋的评价制度

档案袋的评价又称成长记录袋评价，是按照事先制定好的评分规则，对有目的有计划收集的作品和表现做出评价的过程。而档案袋本身是一种收集、汇编相关产品和作品的工具，根据使用目的的不同可以开发不同的档案袋。用于卓越教师教育课程评价的档案袋通常有两种：一种用于阶段性地汇集学习者的课程计划、作业、反思、教学实践表现记录等，用以作为形成性的评价、促进其专业成长的资源；另一种用于总结性呈现学习者的最佳表现，常常用于做最终评价或求职之用。这两种档案袋对卓越教师教育课程评价都是必要的，而从基于表现的评价范式与理念出发，我们更提倡形成性档案袋评价的运用。在卓越教师教育课程评价中使用档案袋评价法，其最大优点在于能够提供有关动态的、丰富的专业学习活动记录。卓越教师的专业成长在内容上具有全面性，这要求有大量的、多方面的事实材料作为评价的基础。这些事实材料在呈现形式上应是多样的，而且这些事实材料往往散落在一段时间的学习过程当中。而使用档案袋能够及时地把这些事实材料予以记录、汇集，为评价的进行做好准备。此外，依据档案袋中的内容进行评价，这对于培养未来卓越教师的反思意识与能力无疑大有裨益。因此，档案袋评价法是教师教育课程评价中有着独特价值的方法。作为评价对象，他们可以对评价结果进行辩解，在评价双方协商的基础上得出

---

[1] 王艳．教学学术视角下的中美大学教师评价制度反思与借鉴 [J]. 现代教育科学，2018（3）．

共同认可的评价结论。

3. 课堂观察评价制度

课堂观察又叫“观课研讨”评价法、“听评课”法，主要用于卓越教师教育实践课程的评价，它在评价的参与性与合作性上体现得尤为突出。首先，观课前要有明确的目的，进而确定出观课重点。其次，在观课重点明确的条件下，一些观课内容可由观课者和实习生共同商定，并围绕要观察的内容开发好观察工具，做好观课记录。再次，观课后研讨。观课后的研讨主要应围绕观课重点进行，不要任意扩大，结论应由观课双方共同完成而不是由观课者单方来做，尤其应注重提出建设性的改进建议。最后，提供后继活动和完善机会。这里的后继活动通常是卓越教师在吸收观课研讨中的意见、建议、反思所得的基础上，重新设计、实施教学，目的是将研讨中认识上的改进转化为教学行为的提高。后继活动环节构成一个“回环”，使整个观课研讨活动进入一个持续提高的轨道。观课研讨中吸收实习生及其同伴的参与，无论是作为观察者还是被观察者，都有重要的意义。作为观察者，通过观看同伴的教学活动、提供反馈和分享共同的经验获益；而作为被观察者，则通过观察者的观点获得反思的第三只眼，从而获取新的见解和有益的反馈；观课研讨评价的另一个重大意义在于，能打破卓越教师教育脱离实际的弊端，促使未来卓越教师在专业成长的过程中缩小理论和实践之间的差距。

4. 基于实践与表现的评价制度

基于实践性知识的卓越教师专业成长绝非与理论知识绝缘，但需重新理解理论知识发挥作用的方式。如前所述，教师运用理论性知识方式是在以情境为中心的反思中予以融会、运用。这要求我们在卓越教师教育课程评价中采用一些基于知识评价体系中的方法，改造后加以利用。此外，从广义的表现外延来看，学习者在开放性试题、小论文中做出的应答也属表现的一种，也能反映出一定的理解、应用、分析、综合、评价等高级认知能力，如能从基于表现的评价角度予以改造使用，有助于卓越教师教育课程评价全面性原则的达成。以往对开放性试题、小论文的使用中，一个突出的缺点是缺乏科学、规范的评价规则，评分的主观随意性大，削弱了评价的信度和效度，也阻碍了评价对促进发展的作用。[1]

面向未来的卓越教师评价应该是唤醒专业自觉的卓越教师评价机制，这一机制的建立并没有特别成熟的经验可以效仿，需要在先进理论指导下不断地实践创新，现代教育哲学揭示了卓越教师以自觉为特征的主体性的内在发展机制，不仅仅关注卓越教师的专业发展更要关注教师的内在精神文化以及生命发展。

教师评价要唤醒教师自觉需要内外的合力，更需从内外两个角度设计评价的维度和指标，教育管理学将促进人的自由发展作为终极目标，呼唤卓越教师的主体性，为教学评价的改革指明了方向和路径。发展心理学则从卓越教师个体的内在不同层次的需要入手来认识卓越教师的专业发展，为通过教育评价手段来唤醒卓越教师的自觉提供了一个新的视角，

[1] 周文叶．职前教师教育课程评价：范式、理念与方法 [J]. 教师教育研究，2014（3）.

这些论述都启发着我们对卓越教师评价改进方向的深度思考。[1]卓越教师评价体系是强化卓越教师提升的基础保障，从考核评价理念、考核评价制度观察，职业院校卓越教师考核评价体系的重塑进行了初探，进一步细化、完善卓越教师考核评价体系。

[1] 张钧，邵琳．基于我国教师评价制度演进的思考 [J]. 东北师大学报（哲学社会科学版），2017（9）.

本章小结

本章研究了职业院校卓越教师精准培育生态管理策略。认为应该从明确职业院校卓越教师的培养目标，增强教师培养的卓越意识；注重教师培养方式的创新与实践，提倡政校企协同培养，探索和创新培养模式；推动职业院校教师的终身教育，提升综合能力，促进卓越教师的可持续发展；通过塑造典型的卓越教师案例，来带动其他教师的发展，营造一种人人追求卓越的良好氛围；进一步完善生态管理机制，鼓励多主体参与到卓越教师的管理和培养中；以全新的职教理念去建立评价体系，健全相应的评价制度。

参考文献

[1] 冯•皮尔森 . 文化战略 [M]. 刘利圭，蒋国田，李维善，译 . 北京：中国社会科学出版社，1992.

[2] 卢现祥 . 西方新制度经济学 [M]. 北京：中国发展出版社，1996.

[3] 厉以贤 . 现代教育原理 [M]. 北京：北京师范大学出版社，1988.

[4] 余谋昌 . 生态哲学 [M]. 西安：陕西人民教育出版社，2000.

[5] 迈克 • 富兰 . 变革的力量——透视教育改革 [M]. 北京：教育科学出版社，2000.

[6] 叶澜，白益民，王枬，等 . 教师角色与教师发展新探 [M]. 北京：教育科学出版社，2001.

[7] 鲁洁 . 超越与创新 [M]. 北京：人民教育出版社，2001.

[8] 教育部师范教育司 . 卓越教师专业化的理论与实践（修订版）[M]. 北京：人民教育出版社，2003.

[9] 佐藤学 . 课程与教师 [M]. 钟启泉，译 . 北京：教育科学出版社，2003.

[10] 徐碧美 . 追求卓越——教师专业发展案例研究 [M]. 陈静，李忠如，译 . 北京：人民教育出版社，2003.

[11] 袁小平 . 从对峙到融通：教师管理范式的现代转向 [M]. 长沙：湖南师范大学出版社，2004.

[12] 王建军 . 课程变革与教师专业发展 [M]. 四川教育出版社，2004.

[13] 胡惠闵 . 校本管理 [M]. 成都：四川教育出版社，2005.

[14] 秦德林 . 可持续发展：特级卓越教师的诗意人生 [M]. 南京：江苏教育出版社，2006.

[15] 肯 • 贝恩 . 如何成为卓越的大学教师 [M]. 明廷雄，彭汉良，译 . 北京：北京大学出版社，2007.

[16] 姜大源 . 职业教育学研究新论 [M]. 北京：教育科学出版社，2007.

[17] 傅建明 . 教师专业发展途径与方法 [M]. 上海：华东师范大学出版社，2007.

[18] 马建富 . 职业教育学 [M]. 上海：华东师范大学出版社，2007.

[19] 郑金洲 . 教育絮语 [M]. 上海：华东师范大学出版社，2008.

[20] 徐国庆 . 职业教育课程论 [M]. 上海：华东师范大学出版社，2008.

[21] 陈俊 . 高职教师队伍建设的制度创新 [M]. 成都：西南交通大学出版社，2009.

[22] 查吉德 . 职业教育教师资格制度研究：制度有效性的视角 [M]. 广州：暨南大学出

版社，2011.

[23] 周建松 . 高等职业教育可持续发展研究 [M]. 杭州：浙江大学出版社，2013.

[24] 庄西真 . 职业教育教师培养培训模式研究 [M]. 南京：江苏凤凰教育出版社，2016.

[25] 周明星，周先进，高涵，等 . 乡村卓越职教师资培育导论“3D”模式理论与范式 [M]. 长沙：湖南师范大学出版社，2016.

[26] 王利琳 . 卓越教师培养的探索与实践 [M]. 杭州：浙江大学出版社，2018.

[27] 叶澜 . 新世纪卓越教师专业素养初探 [J]. 教育研究与实验，1998（1）：53-54.

[28] 谢斌 . 生态哲学与现代管理学的人性假设 [J]. 成都大学学报（社科版），2003（4）：110-112.

[29] 陈向明 . 实践性知识：教师专业发展的知识基础 [J]. 北京大学教育评论，2003（1）：7.

[30] 顾冷沅，杨玉东 . 教师专业发展的校本行动研究 [J]. 教育发展研究，2003（6）：85-91.

[31] 王卓，杨建云 . 教师专业素质新诠释 [J]. 教育科学，2004（5）：11-19.

[32] 李春玲 . 试论发展性教师管理 [J]. 教育理论与实践，2004（9）：85-97.

[33] 孟万金 . 教师的专业素质及其立体架构：校长的视角 [J]. 教育研究，2004（25）：100-109.

[34] 姜大源 . 职业教育学基本问题的思考 [J]. 职业技术教育，2006（1）：35-45.

[35] 谢安邦，朱宇波 . 教师素质的范畴和结构探析 [J]. 教师教育研究，2007（19）：68-76.

[36] 陈向明 . 理论在教师专业发展中的作用 [J]. 北京大学教育评论，2008（1）：47-49.

[37] 史枫 . 高职院校教师综合能力评价：基点与设计 [J]. 中国职业技术教育，2008（6）：85-97.

[38] 柳海民，谢桂新 . 质量工程框架下的卓越教师培养与课程设计 [J]. 课程 • 教材 • 教法，2011（11）：26-39.

[39] 刘奉越，杨智榕 . 基于专业发展的职业教育教师转化学习 [J]. 职教论坛，2012（34）.

[40] 周建松 . 提高质量：高职院校师资队伍建设的着力点 [J]. 教育研究，2012（1）.

[41] 傅怀梁 . 面向“卓越教师”培养的实践育人机制探索 [J]. 中国电力教育，2013（4）.

[42] 邱学青，李正 . 基于知识管理视角的高校教师专业发展策略研究 [J]. 高等工程教育研究，2013（11）.

[43] 周春良 . 卓越教师的个性特征与成长机制研究：基于 163 位特级教师的调查 [D]. 上海：华东师范大学，2014.

[44] 毕景刚. “卓越教师”计划之背景、内涵及策略 [J]. 教育理论与实践，2014（11）：44-48.

[45] 卢谦 . 名师共同体：卓越教师专业发展的重要路径 [J]. 江苏教育，2013（6）：

32-37.

[46]孙翠香，卢双盈．“双师型”教师政策变迁：过程、特点及未来态势[J].职业技术教育，2013（28）：46-50.

[47]刁永锋，等．地方师范大学实施卓越教师培养计划的探索与实践[J].教师教育论坛，2014（4）：177-182.

[48]丰向日．卓越教师培养需处理好五个关系[N].光明日报，2015-09-08.

[49]周先进．卓越教师：内涵、素质及培养[J].农业教育，2015（8）：23-35.

[50]付淑琼．多方协同：美国“卓越教师培养项目”的质量评价机制[J].教育研究，2016（4）：111-117.

[51]张钧，邵琳．基于我国教师评价制度演进的思考[J].东北师大学报（哲学社会科学版），2017（9）：42-48.

[52]叶京．基于卓越教师的专长构成与专长发展阶段探析[J].中国成人教育，2017（19）：51-63.

[53]段宝霞．德国如何打造卓越教师团队[J].中国成人教育，2018（6）：98-103.

[54]韩庆艳．“卓越教师培养”背景下教师教育专业从教技能训练改革探究[J].中国成人教育，2018（11）：181.

后　记

现代职业教育高质量发展面临的机遇与挑战，急需培养具有产业文化素养、先进职教理念、高水平专业知能、可持续发展能力的卓越师资队伍。本著作是湖南省哲学社会科学基金项目《职业院校卓越教师精准培育生态学研究》(编号：16YBA 143)阶段性研究成果。从孕育这部著作到其诞生，历时两年多，凝结了笔者和研究团队的汗水和心血。

本著作主要由湖南机电职业技术学院副教授、湖南农业大学博士生温晓琼，湖南机电职业技术学院副教授唐娟，湖南机电职业技术学院教务处副处长黄艳共同完成。感谢湖南机电职业技术学院“卓越教师培育”科研团队的全体成员，他们帮助收集文献、整理资料、打印修改文稿，付出了辛勤的劳动，在此向他们表示衷心的感谢。

本著作最后由温晓琼校稿、统稿和定稿。本著作引用了众多学者成果，在此也表示感谢。同时感谢中国纺织出版社的编辑为此书出版付出辛勤劳动。

温晓琼

2019 年 3 月